Modifier un réseau de consommateurs

Le rôle de la circulation de produits et marques

Collection « Questions économiques »
Dirigée par Xavier Richet

Croissance, décroissance, crises, chômage, inégalités, innovation, mondialisation, démondialisation, post-capitalisme… Jamais les « questions économiques » n'ont été aussi nombreuses et aussi complexes à appréhender.

Le pari de la collection « Questions économiques » est d'offrir un espace de réflexion et de débat à tous ceux, chercheurs, militants ou praticiens, qui osent penser autrement, exprimer des idées neuves et ouvrir de nouvelles pistes à la réflexion collective.

Déjà parus

Julien Grandjean, *Le choix en démocratie. Les apports des précurseurs de l'école de Virginie*, 2022.
Anaïs Boutru, *La légitimité d'une alliance stratégique. Le cas d'une alliance dans le secteur de la grande distribution française*, 2022.
Mengya Xu, *Les stratégies d'expansion des firmes transnationales. Le cas des entreprises françaises en Chine*, 2021.
Thierry Hance, *Vers une économie verte et bienveillante*, 2021.
Nicolas Huchet, *La nouvelle Europe bancaire et financière*, 2020.
Cécile Bastidon, Azzedine Ghoufrane, Ahmed Silem (dir.), *Zone de libre-échange continentale et intégration régionale en Afrique*, 2020.
Mohammed Benlahcen Tlemçani, Zineddine Khelfaoui, Sofiane Tahi (dir.), *Capital humain et dynamiques économiques*, 2020.

Monica C. Scarano

Modifier un réseau de consommateurs

Le rôle de la circulation de produits et marques

Préface de Nil Özçağlar-Toulouse

L'Harmattan

5-7, rue de l'École-Polytechnique, 75005 Paris

http://www.editions-harmattan.fr

ISBN : 978-2-336-50284-7
EAN : 9782336502847

PRÉFACE

Les sociétés contemporaines se caractérisent, presque toutes, par une mobilité spatiale croissante. Bien que la mobilité ait toujours été une thématique essentielle en sociologie, principalement sous son aspect social, c'est désormais son volet géographique qui transforme les relations entre les individus, ainsi qu'entre ces derniers et les objets. En tant que catégorie sociologique, la mobilité englobe des réalités variées : immigration, déplacements professionnels, voyages, expatriations temporaires, etc. L'accessibilité des moyens de transport, la flexibilité au travail et le multiculturalisme des sociétés modernes expliquent l'engouement des sociologues pour la mobilité spatiale.

Monica Scarano nous propose, dans cet ouvrage, de renouveler notre compréhension de la sociologie des mobilités par le prisme de la consommation. Ce projet, à la fois ambitieux et réussi, vise à approfondir notre analyse de la circulation des produits et des marques au sein d'un réseau de consommateurs en constante évolution. C'est un sujet qui touche chacun d'entre nous : qui n'a jamais glissé dans sa valise un aliment de sa région ou de son pays d'origine avant de rentrer chez soi ? Ou qui n'a jamais passé du temps lors des vacances à chercher des cadeaux qui pourront faire plaisir à sa famille ou à ses amis ? Les produits (et, par ricochet, les marques) sont en mouvement, tout comme les consommateurs.

L'ensemble de l'ouvrage est richement documenté, reposant sur un réel travail de terrain et utilisant une approche multiméthodes: entretiens avec des experts, échanges avec des consommateurs, et autovidéographie itinérante centrée sur l'objet. Les deux premiers chapitres préparent les lecteurs à la suite de l'ouvrage, tant sur le plan théorique que méthodologique. Le troisième chapitre explore les processus de circulation : activation, promulgation et intégration, ainsi que leurs dimensions : accès, engagement et modes de circulation. Le quatrième chapitre examine comment les réseaux de consommateurs évoluent sous l'effet de ces dynamiques de circulation de produits ou de marques. La notion de « commande » est centrale pour comprendre les transformations des réseaux. Après avoir analysé le « pourquoi » de la circulation des objets, Madame Scarano s'efforce de montrer les différentes formes que peuvent revêtir ces réseaux de consommateurs. Le dernier chapitre revient sur plusieurs idées abordées dans les résultats, pour les discuter en profondeur : la circulation comme facteur de changement d'un réseau de consommateurs, la circulation informative, ou encore la notion de « consumer-driven », etc.

En résumé, Madame Scarano navigue habilement entre les frontières disciplinaires pour offrir une perspective nouvelle et enrichissante sur la mobilité spatiale. Les produits et marques circulent autant que les consommateurs, impactant de manière significative leur sociabilité. Et l'ouvrage que vous tenez en main modifie profondément notre compréhension de ce phénomène.

Nil Özçağlar-Toulouse

Paris - Lille, novembre 2024

CHAPITRE 1 : INTRODUCTION

> *L'année dernière, je me suis vu confisquer par les douanes mexicaines un saucisson ardéchois que je comptais offrir à un ami. La charcuterie est interdite d'importation, sauf si elle vient d'Espagne !!!* (Commentaire de Bubard sur Le Figaro du 7/5/2013[1])

> *:hllo: je ne suis pas encore parti au bled, mais j'envoie des colis régulièrement et nous allons peut-être partir tout le mois de juillet au bled pour le mariage de la sœur à mon homme donc en général j'envoie parfum, bijoux fantaisie, sac à main, maquillage, fringue pour les enfants, et chocolat* (Commentaire de Mil54im sur le forum Doctissimo du 29/3/2011[2])

La circulation est un thème fondateur de nos collectivités sociales. Qu'il s'agisse de personnes ou de marchandises, elle a modifié nos modes de vie. D'une part, la circulation des personnes (ex. pour le travail, les vacances, les résidences alternées lors de la retraite) a élargi nos relations sociales à différents lieux ou localités ; d'autre part, la circulation des marchandises nous a permis de consommer des produits et marques provenant d'autres territoires[3]. La circulation de produits et marques est un phénomène présent dans la vie actuelle

---

[1] https://sante.lefigaro.fr/actualite/2013/07/05/20899-ces-aliments-quon-ne-peut-pas-ramener-dans-sesbagages

[2] https://forum.doctissimo.fr/grossesse-bebe/ramadanettes/cadeaux-famille-bled-sujet_49019_1.htm

[3] Article du Figaro du 23 juillet 2015. Source : https://www.lefigaro.fr/economie/le-scan-eco/le-vraidu-faux/2015/07/23/29003-20150723ARTFIG00029-une-loi-peut-elle-obliger-a-acheter-francais.php

et conduite non seulement par les entreprises, mais aussi par les consommateurs. Pourtant, ce phénomène est souvent lié aux cadeaux-souvenirs rapportés après un voyage touristique. Les exemples de commentaires que nous avons proposés montrent que la circulation démarre aussi du lieu de vie habituelle et qui se poursuit dans le réseau personnel du consommateur (amis et famille). Toutefois, c'est un phénomène qui échappe aux statistiques, sauf pour le traçage douanier de certains produits qui voyagent en avion.

Basé sur la vision du marketing comme échange (Bagozzi, 1975), le mouvement des marchandises a été analysé selon le concept de diffusion d'un nouveau produit (Rogers, 2003 ; Forest, 2018). Plus récemment, le concept de circulation, qui suppose la répétition d'un passage, a reçu une certaine attention de la part des chercheurs en marketing, car elle crée de la valeur (Figueiredo et Scaraboto, 2016). Ces chercheurs ont ancré leurs recherches sur des travaux en sciences humaines qui affirment l'importance de la circulation des objets pour la création de valeur. Les chercheurs en marketing se sont basés sur ce cadre théorique afin de proposer un processus de création de valeur par la circulation des objets. Toutefois, pour d'autres chercheurs en sciences humaines, la circulation des objets et de tout ce qui n'est pas humain peut changer un groupe (Sayes, 2013[4]). Pourtant, la modification d'un groupe de consommateurs, indiqué génériquement avec le terme de "réseau de consommateurs" (Epp et Price, 2011) est peu étudiée en marketing et nous interroge. De plus, nous souhaitons étudier explicitement la circulation de produits et marques, tandis que les recherches précédentes ont utilisé le terme plus générique d'"objets".

Les réseaux de consommateurs sont importants pour les entreprises, qu'elles soient globales (Zhang, 2019) ou des PME[5]. Un réseau de consommateurs est « *une structure sociale composée d'individus qui sont connectés par un ou plusieurs types spécifiques de liens formels et informels liés à des activités*

---

[4] « *Les non humains, dans cette interprétation, sont à la fois changés par leur circulation et changent le groupe par leur circulation* » (p.138).

[5] https://www.kmu.admin.ch/kmu/en/home/concrete-know-how/sme-management/marketing/lookingafter-customers/customer-network.html

d'achat et de consommation » (Epp et Price, 2011, p.36-37). Les familles, les organisations, les communautés de marque et les sous-cultures, en sont des exemples (Ibid.). Les réseaux de consommateurs sont importants pour l'entreprise et leur gestion implique une stratégie marketing (Cova et Salle, 2008). Dans leur étude de 2017, Accenture et Salesforce affirment que les entreprises doivent passer d'une approche *customer centric* à une approche *network centric* pour capitaliser sur le réseau de consommateurs[6].

Les différents types de réseaux de consommateurs (communautés de consommation, tribus, familles, amis) ont été étudiés pour investiguer plusieurs aspects, tels que la création de la valeur (Figueiredo et Scaraboto, 2016), les objectifs individuels et collectifs (Epp et Price, 2011), ou l'adoption de nouveaux produits (Thompson et Sinha, 2008). Pourtant, si leur création, avec les études sur la création de communautés, est une problématique déjà bien étudiée en marketing, leur modification l'est très peu (Eagar et L'Espoir Decosta, 2018). Étant donné que le réseau de consommateurs constitue une ressource (Vargo et Lusch, 2016) et que sa gestion permet un avantage concurrentiel (Barney, 1995), une problématique de gestion émerge : comment l'entreprise peut-elle faire face à la modification d'un réseau de consommateurs ? Par sa modification, voir la dissolution, l'entreprise va-t-elle perdre des clients ou du chiffre d'affaires ? Comprendre la modification d'un réseau de consommateurs est un enjeu stratégique pour les entreprises et leur permet de mieux se positionner au niveau marketing, en raison d'une meilleure compréhension de ses consommateurs.

Face à ces enjeux, dans ce travail doctoral, nous nous intéressons aux modifications qu'un réseau de consommateurs peut subir. Il existe plusieurs types de réseaux de consommateurs (Epp et Price, 2011). Souvent, leur définition différente est basée sur leur principal intérêt en termes de consommation, par exemple une marque ou une activité. Toutefois, les chercheurs reconnaissent que la distinction sur le seul intérêt de

---

[6] https://hubinstitute.com/2017/01/de-lapproche-customer-centric-a-lapproche-network-centric. Étude de 2017.

consommation rend les recherches myopes (Thomas, Price et Schau, 2013).

Récemment, d'autres distinctions sont prises en compte selon le terme utilisé et les aspects qu'il exprime. Dans ce sens, par exemple, les chercheurs affirment que le terme "communauté" exprime l'identité tandis que le terme "réseau" exprime la connectivité et l'interdépendance (Figueiredo et Scaraboto, 2016). Notre travail s'inscrit dans cette approche de distinction de termes. Nous choisissons le terme "réseau de consommateurs" pour intégrer l'aspect de la connectivité et de l'interdépendance dans la compréhension de la circulation de produits et marques afin d'investiguer les modifications du réseau. De plus, c'est le contexte d'étude déjà utilisé dans les recherches précédentes pour étudier un phénomène marketing selon l'approche de la circulation des objets (Figueiredo et Scaraboto, 2016). Le réseau de consommateurs est pertinent pour notre recherche qui se base sur la même perspective centrée sur la circulation. Parmi les types de réseaux de consommateurs, nous avons choisi le réseau personnel du consommateur, car le réseau amical et familial des consommateurs est un espace social où habituellement se réalise la circulation de produits et marques entre consommateurs (Santana et Botelho, 2019). Souvent, le réseau personnel est géographiquement étendu, c'est-à-dire que ses membres sont géographiquement dispersés. C'est une situation très répandue aujourd'hui, car la vie d'un consommateur se fait en plusieurs lieux avec un entourage stable ou temporaire, local ou provenant de plusieurs villes. Ces situations sont très fréquentes à cause des mobilités du consommateur, de ses amis ou de certains membres de la famille pour le travail, les études, les vacances. Par exemple, un consommateur peut vivre une expatriation avec sa famille nucléaire et garder des liens avec les amis et la famille de sa précédente résidence principale, qu'il rencontrera périodiquement et avec qui il aura des contacts à distance (ex. par téléphone). Il peut aussi créer de nouvelles amitiés sur le nouveau lieu qu'il pourra garder même après son départ. De même, un consommateur peut créer des amitiés sur le lieu des vacances habituelles.

La vie d'aujourd'hui, avec les nombreuses mobilités, fait qu'un consommateur puisse avoir des nœuds sociaux de son réseau personnel dans plusieurs villes. Lors de ces contacts, physiques et à distance, nous nous intéressons aux produits et marques qui circulent parmi les consommateurs qui font partie du réseau personnel de nos participants. En effet, pour étudier la circulation, la perspective par réseau permet de souligner mieux les connexions à distance ou en coprésence, lesquelles sont utiles pour comprendre ce phénomène (Urry, 2007). Le réseau personnel est cohérent avec la définition de réseau de consommateurs, car il s'agit d'une structure sociale qui est liée à des activités de consommation. Nous n'étudions pas la modification des liens interpersonnels (forts ou faibles) du réseau personnel. Le réseau personnel est un type de réseau de consommateurs, le contexte social dans lequel nous étudions les produits et marques qui circulent en son sein. Comme pour les recherches en marketing sur la famille, un autre type de réseau de consommateurs (Epp et Price, 2011), nous nous intéressons aux activités de consommation dans le réseau personnel et à sa structuration interne, avec des rôles informels, liée à ces activités de consommation.

C'est dans ce socle que nous étudions les modifications de ce type de réseau de consommateurs.

1. ÉTUDIER LA MODIFICATION D'UN RÉSEAU DE CONSOMMATEURS PAR LA CIRCULATION DES OBJETS (PRODUITS ET MARQUES)

Bien que plusieurs chercheurs aient étudié la création de certains types de réseaux de consommateurs comme les communautés ou les tribus (Holzweber, Mattsson et Standing, 2015 ; McAlexander, Schouten et Koenig, 2002), peu d'études en marketing s'intéressent à leur modification. Les recherches précédentes ont analysé le changement d'un réseau de consommateurs selon quatre aspects : l'identité des membres qui influence leurs rôles internes (Celsi, Rose et Leigh, 1993 ; Cova et Cova, 2002 ; Littlefield et Ozanne, 2011 ; Schouten et McAlexander, 1995) ; la relation à la marque et aux produits (Muñiz et Schau, 2005) ; la reconfiguration de l'espace en ligne (Eagar et L'Espoir Decosta, 2018) et la création de valeur (Gambetti et Graffigna, 2015). Ces aspects structurent le réseau, car font émerger des rôles (Littlefield et Ozanne, 2011) et peuvent créer (McAlexander, Schouten et Koenig, 2002), maintenir (Muñiz et Schau, 2005) ou faire échouer un réseau de consommateurs (Gambetti et Graffigna, 2015).

Notre investigation part d'une approche par la circulation. Nous nous basons sur une vision de la société qui s'appuie sur la sociologie des mobilités (Sheller et Urry, 2006). Elle cherche à comprendre les faits sociaux par les mobilités (ex. des personnes, des biens, des images) dans une société composée de réseaux. Cet ancrage théorique est présent dans quelques recherches sur la consommation, mais il a été peu utilisé, bien que cette vision puisse se révéler pertinente en sciences de gestion (Sergot, Chabault et Loubaresse, 2012). Epp, Schau et Price (2014) l'utilisent pour étudier les pratiques à distance des familles éloignées géographiquement. Figueiredo et Scaraboto (2016) le citent dans la partie méthodologique de leur étude sur la circulation des objets. Salvadore, Menvielle et Tournois (2015) se basent sur cette vision sociologique pour expliquer l'expérience touristique générale du consommateur suivant sa mobilité physique et virtuelle. Santana et Botelho (2019) s'ancrent dans cette théorie pour étudier la relation aux objets lors des mouvements des objets et des pèlerins. Ces exemples montrent que la sociologie des mobilités a été le cadre théorique pour étudier la mobilité des personnes, justifier une méthodologie ou étudier la relation aux objets, mais pas pour étudier le changement d'un groupe de consommateurs par la circulation des objets. Pourtant, plusieurs chercheurs en sciences sociales affirment que la circulation des objets peut changer un groupe (Sayes, 2013) et qu'elle aide les transformations (Munn, 1986). Ceci nous interroge sur l'impact que la circulation peut avoir sur un réseau de consommateurs.

La circulation des objets est définie comme « *le transfert récurrent des objets parmi les membres d'un groupe* » (Scaraboto et Figueiredo, 2017, p.180). Avec le terme "objets" on considère les biens qui rentrent dans le système de don, partage et échange, dont les produits et marques (Figueiredo et Scaraboto, 2016 ; Santana et Botelho, 2019). Nous avons choisi le terme explicite "produits et marques" pour nous distinguer des recherches précédentes. Celles qui ont utilisé le mot "objets" se sont souvent basées sur la consommation collaborative entre inconnus, sans donner de l'attention à la place de la marque pour les consommateurs. Au contraire, nous explorons les produits et marques qui circulent selon des modes différents (don, partage, échange) dans un réseau de consommateurs qui se connaissent. Le produit est le bien tangible ou le service intangible qui peut être offert au marché pour l'achat, l'utilisation ou la consommation (Armstrong *et al.*, 2018). Pour notre recherche nous considérons les biens tangibles, matériels. Avec le terme "marques" nous entendons des produits tangibles ayant une marque (Strizhakova, Coulter et Price, 2008).

Des recherches précédentes ont traité la diffusion des produits (Rogers, 2003) et des marques (Parker et Gatignon, 1994). La différence entre circulation et diffusion sera l'un des enjeux conceptuels de la thèse. De même, les contenus circulant (ex. produits, marques, objets, informations, pratiques) et leur mécanisme (ex. imitation, mimétisme) seront éclaircis conceptuellement. Les approches et mécanismes de la circulation utilisés jusqu'à présent en marketing sont centrés sur la communication, sur l'influence sociale et sur la relation sociale entre les consommateurs (liens forts et faibles). En traitant d'un réseau personnel d'amis et famille, nous ne cherchons pas à comprendre les dynamiques relationnelles selon les caractéristiques personnelles, les positions sociométriques et les influences. Nous cherchons à comprendre les modifications en termes de consommation et la structuration de ce réseau en fonction de la circulation de produits et marques, à partir d'une attention à l'objet qui circule. Notre approche se veut différente et complémentaire des explorations basées seulement sur la communication interpersonnelle. Les recherches basées sur la circulation des objets ont exploré leur capacité à créer de la valeur (Figueiredo et Scaraboto, 2016) et les degrés d'attachement du consommateur aux objets pendant leur itinéraire (Santana et Botelho, 2019), mais sans étudier leur capacité à modifier un réseau de consommateurs. Pour notre part, nous souhaitons comprendre les dynamiques d'un réseau de consommateurs, à partir de la circulation de produits et marques.

2. COMPRENDRE LA CIRCULATION

L'exploration d'un phénomène par la circulation de produits et marques signifie focaliser l'attention sur les objets et leur mouvement. Deux visions sont à la base des recherches sur la matérialité : post-humaine et humaniste. La vision post-humaine pose l'objet au même plan ontologique que l'humain (Bettany, 2007 ; Seregina *et al.*, 2013). La vision humaniste traite de l'objet à partir de l'observation des consommateurs et leur relation avec l'objet (Ahuvia, 1992). La recherche de Epp et Price (2008) cherche à se positionner de manière plus nuancée par rapport à la vision post-humaniste. Nous partageons cette nuance, que nous ancrons sur des bases ontologiques bien précises.

Notre approche donne une place importante à l'objet qui circule (produits et marques), mais nous nous positionnons de manière intermédiaire entre les deux visions présentées. Dans la relation entre humain et objet, nous refusons l'idée d'un agencement (capacité d'agir) des objets qui est indépendant de l'humain. L'objet ne modifie pas la relation avec l'humain *per se*. Tout en reconnaissant la capacité d'agencement des objets, nous adhérons à la vision des chercheurs qui soulignent la nécessité de l'intelligibilité humaine et de l'activité humaine (DeLanda, 2016). Cette approche se traduit dans la manière d'investiguer la circulation, qui doit prendre en compte l'objet qui circule, mais aussi les actions et le sens donné par le consommateur. Les recherches qui ont suivi l'objet (Figueiredo et Scaraboto, 2016 ; Santana et Botelho, 2019) se sont basées sur une méthode d'investigation multisite (Marcus, 1995). Pourtant, cette méthode est utilisée surtout pour suivre une même communauté dans sa mobilité. Pour la méthode multisite, l'objet peut faire partie de l'analyse, mais cette méthode ne permet pas de suivre les étapes de chaque objet selon les trajectoires personnelles du consommateur. L'étude de la circulation de produits et marques, selon plusieurs itinéraires dans l'espace social de chaque consommateur, demande la mise au point de méthodes de recherche cohérentes par rapport à notre vision épistémologique et ontologique. Une méthode qui répond à ces enjeux a été prévue pour notre recherche.

Afin de comprendre la circulation des objets, les recherches ont traité les modalités de circulation. Le don, le partage et l'échange sont des exemples de modes de circulation (Arnould et Rose, 2016) qui peuvent coexister dans un même réseau de consommateurs (Scaraboto, 2015). Nous nous intéressons au processus de circulation. Comprendre la circulation par son processus est un aspect étudié dans d'autres domaines. Si la circulation est un mouvement récurrent et circulaire (Scaraboto et Figueiredo, 2017), son processus théorique nous permet de comprendre comment se déroule la circulation, par quels facteurs elle démarre, elle continue, elle s'arrête ; et ses conséquences sur le réseau de consommateurs. C'est un aspect qui nous semble intéressant pour mieux comprendre la circulation de produits et marques. Pourtant, il est peu exploré.

3. ÉMERGENCE DE LA PROBLÉMATIQUE

À l'issue de cette introduction, et de l'éclairage apporté à notre cadre théorique, épistémologique et ontologique, nous sommes en mesure de formuler la question de recherche suivante : comment le processus de circulation de produits et marques peut-il modifier un réseau de consommateurs ?

Chaque processus est composé de dimensions (Hoffmann, Lopes et Medeiros, 2014 ; Volle, Isaac et Charfi, 2015) et dans l'étude d'un processus l'objet que le chercheur tente de décrire et comprendre est étudié selon l'évolution ou la transformation de variables, c'est-à-dire ses dynamiques (Degeorge, 2015).

Donc, cette question de recherche fera l'objet de deux étapes de recherches complémentaires répondant à des interrogations plus spécifiques :

Quelles sont les dimensions du processus de circulation de produits et marques dans un réseau de consommateurs ?

Comment les dynamiques de circulation de produits et marques influencent-elles un réseau de consommateurs ?

La première sous-question nous permettra d'investiguer les composantes du processus de circulation à partir des types de produits et marques qui circulent, des acteurs (rôles) et des pratiques (modes de circulation). La deuxième sous-question nous fera comprendre les relations entre ces composantes.

Pour répondre à ces questions, le terrain étudié sera le réseau personnel du consommateur, c'est-à-dire ses amis et sa famille. Il s'agit d'un type de réseau de consommateurs plus réduit par rapport à d'autres types, comme un réseau de passionnés de jeux vidéo en ligne qui est numériquement plus important et étendu. La dimension du réseau personnel du consommateur, bien que différente pour chaque consommateur, permet de suivre mieux les itinéraires de produits et marques qui circulent entre les membres du réseau. Les membres du réseau peuvent être géographiquement dispersés dans d'autres nations, régions, villes (ex. des amis expatriés pour le travail, des parents qui changent de ville de résidence après leur retraite, etc.). D'habitude, les entreprises considèrent les membres des réseaux de consommateurs avec liens forts (famille, amis) comme étant des personnes cohabitantes dans la même ville, tandis que des risques et opportunités managériales émergent si on considère aussi leur dispersion géographique (Epp, Schau et Price, 2014).

Notre approche théorique et nos questions de recherche influencent le choix d'outils méthodologiques. Les méthodes qualitatives ont davantage vocation à comprendre les processus (Kaufmann, 1996). Nous nous intéressons à l'observation de la circulation de produits et marques et aux discours qui l'accompagnent issus des consommateurs. Face à une difficulté d'observer directement tous les itinéraires de produits et marques dans les différents réseaux personnels, il devient nécessaire de recourir à la collaboration des participants pour réaliser des autovidéographies itinérantes pour suivre l'objet. Il s'agit d'une méthode novatrice que nous justifierons au niveau épistémologique.

L'objectif de ce travail est d'examiner le rôle de la circulation de produits et marques dans la modification d'un réseau de consommateurs, afin de proposer des actions managériales pour garder ou améliorer les parts de marché des entreprises face à ces modifications. Du point de vue théorique, le présent travail éclairera la différence conceptuelle entre circulation et concepts proches (ex. propagation, diffusion, transmission) et comblera la connaissance des réseaux de consommateurs selon leur modification. D'un point de vue méthodologique, cette recherche introduira une méthode vidéographique novatrice pour observer la circulation matérielle dans des contextes privés où l'accès à l'observation est difficile. D'un point de vue managérial, notre travail aidera les gestionnaires à faire face aux différentes modifications du réseau de consommateurs, pour limiter les dangers possibles et augmenter les opportunités dues à ces modifications.

Concernant le concept de "circulation" dans la littérature marketing, à l'exception des quelques recherches (Masset et Decrop, 2016 ; Santana et Botelho, 2019), il y a une absence de focalisation sur la circulation de produits et marques même dans les travaux en marketing basés sur les différentes formes de mobilité du consommateur (ex. immigration, expatriation, tourisme). Nous nous ancrons sur la sociologie des mobilités pour considérer la mobilité de produits et marques dans un réseau social. Ensuite, l'approche par réseau est pertinente pour étudier la circulation des objets. Les entreprises et les chercheurs considèrent les réseaux de consommateurs comme étant des forces de marché, sans pourtant avoir approfondi leur modification. Le peu de travaux sur cette thématique s'appuie surtout sur l'identité et est centré sur l'individu, tandis que notre approche par la circulation intègre une perspective sur l'objet et selon ses connexions multiples avec les consommateurs.

Dans le deuxième chapitre, nous présentons notre positionnement épistémologique et nos méthodes de collecte et d'analyse des données. En raison de notre approche inductive, nous retenons le codage à visée théorique, dont nous présentons les principes structurants.

Dans le troisième chapitre, nous nous focalisons sur la première partie de nos résultats, concernant le processus de circulation et les dimensions qui le structurent.

Dans le quatrième chapitre, nous nous intéressons à la deuxième partie de nos résultats, c'est-à-dire les modifications du réseau qui émergent selon les diverses dynamiques de circulation.

Dans le cinquième chapitre, nous engageons une discussion qui amènera à la formulation de nos contributions : conceptuelles, sur une meilleure compréhension du processus de circulation et ses effets sur la modification du réseau et sa structuration ; managériales, sur les rôles des membres du réseau et les possibilités offertes aux entreprises de se positionner face aux modifications possibles de ce réseau de consommateurs. Nous concluons ce travail doctoral en exposant les limites de notre recherche et en suggérant des voies de recherches futures.

CHAPITRE 2 : MÉTHODOLOGIE

1. CHOIX DU PARADIGME INTERPRÉTATIVISTE

L'objectif de cette recherche est en cohérence avec le paradigme interprétativiste. Le chercheur interprétativiste vise à comprendre la réalité sociale vécue par les sujets étudiés (Allard-Poesi et Perret, 2014). La circulation de produits et marques dans leur réseau personnel est une réalité vécue par les participants de notre recherche. Ils peuvent en parler comme étant des personnes informées et aussi participer à la récolte des données visuelles sur les produits et marques qui sont l'objet de circulation. L'approche interprétativiste a été utilisée par d'autres recherches qui ont traité de la circulation d'objets dans un réseau de consommateurs (Figueiredo et Scaraboto, 2016 ; Santana et Botelho, 2019) ou qui ont étudié les groupes de consommateurs en réseau sans forcément traiter de la circulation, mais de leur relation à des objets, produits, marques (Epp, Schau et Price, 2014 ; Thomas, Price et Schau, 2013 ; Woerman et Kirschner, 2015). L'interprétativisme est pertinent pour notre recherche, car notre démarche de recherche vise à la compréhension d'un phénomène de changement qui est abordé dans sa complexité (Strauss et Corbin, 1990). Nous investiguons la modification du réseau de consommateurs liée au processus de circulation de produits et marques. La recherche interprétativiste se prête bien à comprendre les processus ainsi que les autres aspects du monde avec qui les personnes sont en relation, spécialement selon une perspective inductive (Saldaña, 2013), comme dans notre recherche. L'attention donnée à l'objet (produits et marques) en circulation n'est pas en contradiction avec ce paradigme, mais un enrichissement selon un angle complémentaire à la centralité sur l'individu (Askegaard et Linnet, 2011).

Plus précisément, notre vision de la sociomatérialité dans un réseau s'ancre sur les travaux du philosophe DeLanda (2016) et sa théorie des assemblages, qui donne l'agencement aussi aux objets. Notre travail s'inscrit aussi dans la ligne de la direction future de la CCT comme indiqué par Askegaard (2015) : « *les chercheurs du CCT sont de plus en plus disposés à considérer la culture de la consommation non seulement du point de vue de l'agencement individuel et collectif des consommateurs, mais aussi du point de vue de l'inscription dans un système de marché. Par conséquent, les influences de la théorie institutionnelle, de la théorie de l'acteur-réseau et de la théorie de l'assemblage sont de plus en plus importantes* » (p.4). Pour toutes ces raisons, cette recherche s'intègre dans le courant de la CCT.

2. PRINCIPES MÉTHODOLOGIQUES ET APPLICATION AU TERRAIN

La méthodologie s'inscrit dans le positionnement épistémologique et découle des questions de recherche (Flick, 2018). Pour explorer la modification d'un réseau de consommateurs, nous cherchons à comprendre la circulation des produits et marques. Explorer le processus de la circulation nécessite de "suivre" l'objet et vérifier les pratiques qui permettent sa circulation, selon le vécu des consommateurs. Ces aspects, associés aux caractéristiques du contexte choisi, sont à la base des choix méthodologiques pour notre recherche. Nous nous orientons vers une démarche qualitative, car elle s'ajuste « *à la complexité des phénomènes humains et sociaux [...] met en valeur la subjectivité [...] est ouverte au monde de l'expérience [...] et du vécu. Elle valorise l'exploration et, enfin, elle élabore une connaissance holistique de la réalité* » (Anadón et Guillemette, 2007, p. 26). De plus, la recherche qualitative est pertinente pour étudier les processus et les changements (Kaufmann, 1996 ; Saldaña, 2013). Nous basons notre méthodologie sur la "théorie ancrée" (Glaser et Strauss, 1967). Elle est pertinente pour notre recherche, car elle est utilisée dans les recherches inductives pour expliquer les processus. De plus, ses caractéristiques en font une méthode apte pour étudier des problématiques qui ne sont pas étudiées exhaustivement par des théories précédentes (PriesHeje, 1992). Nous nous appuyons sur la démarche qualitative qui construit souplement et progressivement l'objet d'étude et valorise l'exploration (Anadón et Guillemette, 2007). Les méthodes qualitatives ont davantage vocation à comprendre les processus (Kaufmann, 1996) et à étudier les dynamiques de la circulation, c'est-à-dire la relation de ses éléments constitutifs (Celuch, Bantham et Kasouf, 2006).

3. TECHNIQUES DE COLLECTE MOBILISÉES

3.1 L'enquête auprès d'experts

Les entretiens avec les experts sont effectués selon différents buts et de manière complémentaire à d'autres techniques. Bogner et Menz (2009) en citent trois : la fonction exploratoire, la fonction de systématisation et la génération de théorie. Nous utilisons l'enquête auprès des experts avec une finalité exploratoire pour collecter des informations complémentaires à celles issues d'autres méthodes comme les entretiens auprès des consommateurs. Pour Flick (2018) leur utilisation est possible au début de la recherche ou en parallèle.

Dans notre recherche nous adhérons à la deuxième démarche. Les entretiens des experts ne sont pas utilisés de notre part pour finaliser le guide d'entretien, comme c'est le cas pour les entretiens d'experts réalisés au début de la recherche (Bogner et Menz, 2009). Le choix de les utiliser en parallèle aux entretiens des consommateurs vise à nous orienter dans un champ peu étudié, comme c'est celui de la circulation des produits et marques dans un réseau de consommateurs. L'expert communique sa connaissance de l'action et de l'expérience afin de compléter les informations. C'est la raison pour laquelle nous avons mobilisé cette technique après avoir réalisé un certain nombre d'entretiens et recueilli certains éléments que nous avons complétés par une enquête d'experts. Les connaissances des experts ne sont pas accessibles au chercheur, car elles sont spécialisées. L'entretien d'experts est une technique très utilisée en sciences de gestion, surtout dans l'approche multiméthodes ou triangulation (Ibid.).

Comprendre le processus de circulation de produits et marques dans un réseau de consommateurs demande une meilleure connaissance de ce phénomène au niveau social et de la place des entreprises vis-à-vis de ce phénomène. Pour ces raisons, intégrer nos données par les entretiens à des experts est un choix pertinent pour notre recherche. Un sociologue de la consommation expert dans la sociologie des mobilités et des réseaux et trois responsables vente/marketing en entreprise enrichissent notre compréhension.

Ces interviewés rentrent bien dans le statut d'"experts" par leur expérience professionnelle et par leur connaissance du domaine comme envisagé par Bogner et Menz (2009, p. 54) : « *Les experts ont des connaissances techniques orientées vers les processus et des connaissances d'interprétation se référant à leur domaine d'activité professionnelle spécifique* ». En raison de l'apport complémentaire du contenu, l'enquête auprès d'experts est utile dans notre démarche exploratoire. Les experts d'entreprise ont connaissance des processus internes de gestion des supports (par exemple la vente à distance) que le consommateur pourrait considérer lors de la circulation des produits et marques. Le sociologue offre ses connaissances d'interprétation du phénomène de la circulation des produits dans une société en réseau.

Notre expertise dans le domaine académique du marketing-comportement du consommateur peut amener les interviewés à nous catégoriser comme des experts d'une autre culture de connaissance (Bogner et Menz, 2009). En effet, concernant les experts en vente ou marketing, nous représentons des experts académiques du marketing, tandis que pour le sociologue de la consommation spécialisé dans la société des réseaux et la consommation, nous représentons des experts académiques, mais dans un autre domaine, celui de la consommation orientée marketing.

3.2 L'entretien phénoménologique de type semi-directif

L'entretien phénoménologique est utilisé couramment dans la recherche en comportement du consommateur pour collecter des données (Denzin et Lincoln, 2013). C'est une méthode de collecte de données favorite dans la CCT (Özçağlar-Toulouse et Cova, 2010). Elle permet l'exploration des pensées construites par les acteurs (opinions, attitudes et valeurs) et des faits expérimentés qui permet d'appréhender leur interprétation de l'expérience de consommation (Blanchet et Gotman, 2010). Dans la recherche qualitative, le point de départ est proprement le point de vue subjectif (Flick, 2018). Plus précisément, l'entretien semi-directif est utilisé dans la théorie subjective (Groeben, 1990) qui suppose que les interviewés ont une connaissance sur le sujet d'étude. La narration est intégrée comme un élément initial de l'entretien semi-directif (Mishler, 1986). Elle permet au chercheur de mieux approcher l'expérience de l'interviewé et c'est un mode de connaissance (Bruner, 1991). L'utilisation du guide d'entretien sert de référence au chercheur, mais il évolue dans le temps au gré de la maîtrise du sujet de la part du chercheur et même au cours d'un entretien afin de garantir la possibilité au répondant de s'exprimer librement sur des points nouveaux ou émergés lors de son discours. Pour l'entretien semi-directif, le chercheur utilise une liste de thèmes préalablement définie en regard de la littérature et de la démarche exploratoire. La littérature existante permet d'identifier des thèmes à explorer, à déconstruire ou à contextualiser) et l'entretien phénoménologique est une technique utilisée pour cette finalité.

Les entretiens semi-directifs sont les plus adaptés à notre recherche, car ils ont une finalisation et une précision des thèmes recherchés (Evrard, Pras et Roux, 2003). Cette méthode est issue de l'observation participante, car elle permet au chercheur de couvrir des objectifs ethnographiques sans s'insérer dans l'intimité du répondant et/ou de sa communauté de manière répétée et prolongée (McCracken, 1988). En considération des spécificités du réseau que nous avons évoquées auparavant (dispersion géographique, relations multiples en coprésence et à distance des membres), cette méthode répond bien à une difficulté objective du chercheur de pouvoir observer les pratiques à différents endroits, moments et lieux privés. Comme nous investiguons la modification du réseau de consommateurs par la circulation de produits et marques, notre informant principal est le consommateur ayant cette expérience. Afin de réaliser une observation contextualisée de la circulation, nous avons recours au consommateur participant par le biais d'une autre technique : l'autovidéographie itinérante centrée sur l'objet.

3.3 L'autovidéographie itinérante centrée sur l'objet

Une manière d'utiliser les données visuelles en recherche qualitative est l'enregistrement vidéo des aspects d'un mode de vie spécifique, ce qui est une technique familière pour documenter des expériences (Flick, 2018). Dans les recherches en marketing, la réalisation des reprises vidéo a été faite souvent par le chercheur. C'est lui qui a utilisé en première personne la caméra (Seregina *et al.*, 2013 ; Vom Lehn et Heat, 2016) pour la reprise des entretiens (Eckhardt *et al.*, 2010), l'observation (Belk, 2004) ou la vidéoélicitation (Rook, 1991). Parmi les différentes situations d'utilisation des vidéos dans la recherche, nous nous intéressons aux situations enregistrées par les acteurs, c'est-à-dire l'autovidéographie. L'autovidéographie est une technique qui consiste à donner la caméra aux participants pour qu'ils puissent réaliser des vidéos (Belk et Kozinets, 2005), de manière passive (Gummesson, 2007) comme la caméra positionnée sur son corps (Starr et Karen, 2007) ou active si c'est le participant qui gère la caméra. Pourtant, peu de recherches se sont appuyées sur la technique active de participation (Brown *et al.*, 2010). Donner la caméra aux participants favorise un mode plus subjectif et réflexif des représentations (Dion, 2007 ; Whiting *et al.*, 2018) pour examiner le rôle et les expériences individuelles dans un cadre socioculturel (Pink, 2007). L'autovidéographie dérive de la vidéographie (Belk et Kozinets, 2005), peut se conduire avec un outil technologique mobile, et elle entre dans le domaine de l'auto- ethnographie vidéo, car c'est une méthode vidéographique dans le champ ethnographique (Belk *et al.*, 2018). L'absence du chercheur permet une meilleure spontanéité du comportement en faisant émerger ce qui est important pour le participant (Belk et Kozinets, 2005). Il n'est pas nécessaire que le chercheur soit mobile, car c'est l'outil technologique qui l'est (Muskat, Muskat et Zehrer, 2018).

Bien que l'autovidéographie puisse se décliner en plusieurs utilisations, comme le journal de bord en forme de vidéo (Belk et Kozinets, 2005), ce dernier est souvent la seule technique utilisée dans le champ de l'autovidéographie. Pourtant, la vidéo journal de bord ne répond pas aux exigences de notre recherche. Cette technique est utilisée pour explorer le vécu du consommateur dans sa vie privée sur une temporalité assez longue (de plusieurs semaines à plusieurs jours de réalisation des vidéos), et quotidienne (Bartlett et Milligan, 2015). De plus, elle se centre sur la personne plutôt que sur l'objet.

Dans notre recherche, nous nous focalisons sur la circulation de produits et marques dans un réseau de consommateurs, c'est-à-dire lors des contacts directs et indirects du consommateur avec les membres du réseau. Tracer les passages et itinéraires des produits et marques entre membres demande une attention spécifique au moment de ces circulations, qui peuvent ne pas être quotidiens ou se réaliser à des distances temporelles éloignées (par exemple lors de certains voyages ou à différentes périodes de l'année) non "couvertes" par la tenue de la vidéo journal de bord.

Face aux limites de cette technique, on pourrait recourir à l'autophotographie (Glaw, Inder, Kable et Hazelton, 2017), c'est-à-dire prendre des photos aux différents moments de la circulation. Toutefois, cette technique n'offre pas la richesse qualitative d'une vidéo, qui permet de faire connaître plusieurs angles du contexte par les différents photogrammes, les dynamiques du moment de la reprise, les sons et l'éventuel accompagnement vocal du réalisateur de la vidéo.

Pour combler ces limites, nous associons l'autovidéographie à l'ethnographie itinérante et l'utilisons pour nous focaliser sur les produits et marques qui circulent. L'ethnographie itinérante est une méthode pour tracer les mouvements (Schein, 2002). Les reprises vidéo sont centrées sur les objets qui circulent, dans notre cas les produits et marques, différemment des journaux de bord vidéo où il n'y a pas cette exigence. Cette association permet au participant de réaliser des vidéos suivant les étapes des itinéraires des produits et marques qu'il fait circuler dans son réseau personnel.

Cette technique a été choisie pour plusieurs raisons. D'abord, suite à la réflexivité sur la place physique du chercheur. L'interviewé peut avoir une attitude parfois réservée associée à des réponses contradictoires dans certains cas ou à des oublis rattrapés pendant le déroulement de l'entretien. Cela nous a questionnés sur la difficulté subjective d'expression de son propre vécu face au chercheur, voir le problème des oublis dans la reconstruction des pratiques, la nomination de produits et marques et leur quantité. Les expériences ne sont pas toujours faciles à exprimer par des mots et certaines personnes préfèrent des expressions visuelles. Suivant le principe de photo-élicitation, le processus de production d'images permet aux participants de réfléchir à leur expérience selon des manières différentes que Harper (2002) appelle "rupture du cadre".

Ensuite, cette technique va résoudre la difficulté d'accès à chaque espace privé du participant. Les vidéos des participants nous permettent de voir les produits et les marques achetés, les magasins choisis, certaines pratiques comme celle de la mise en bagage des produits et leur présentation aux autres membres du réseau. Cela s'accompagne de l'écoute des discours et de l'explication que le consommateur mobile fait à son entourage, permettant un accès à l'expérience de l'acteur *in situ*, selon son angle subjectif. Dans notre recherche, elle est utilisée en combinaison avec les entretiens (Flick, 2018).

4. TRIANGULATION DES MÉTHODES

La triangulation des données est importante quand il y a l'utilisation de différentes méthodes de recherche, même si ces méthodes sont toutes qualitatives (Flick, 2018), comme dans notre cas. Les conceptions de recherche basées sur la triangulation peuvent associer différents degrés de complexité et leur concordance augmente la confiance d'avoir traité l'argument de façon exhaustive. En effet, c'est dans leur complémentarité que la faiblesse de chaque méthode peut être compensée (Ibid.).

La triangulation des méthodes permet de combiner différentes techniques de collecte et sources de données afin d'explorer leur convergence pour extraire des thèmes et renforcer la validité de la recherche (Creswell et Miller, 2000). Nous procédons à une triangulation des méthodes utilisant l'entretien de participants et d'experts et l'auto- vidéographie itinérante du participant centrée sur l'objet. Ceci nous permettra d'appréhender la manière dont se réalise la circulation des produits et marques dans un réseau de consommateurs par le vécu du consommateur, grâce aux entretiens, et par le "suivi" des produits dans leurs phases de circulation, grâce à l'autovidéographie itinérante centrée sur l'objet. L'enquête auprès d'experts va enrichir nos données de manière complémentaire sur deux aspects : la place des entreprises dans la circulation de produits et marques opérée par le consommateur et une meilleure compréhension du phénomène de la consommation dans la société des réseaux. Comme nous utilisons des méthodes qui demandent une analyse interprétative, nous envisageons le recours à d'autres chercheurs et au *feedback* des consommateurs sur les résultats pour renforcer la validité de notre recherche.

5. CHOIX DU TERRAIN, CONSTITUTION DE L'ÉCHANTILLON ET CODE ÉTHIQUE

Le terrain choisi est le réseau personnel du consommateur, c'est-à-dire ses amis (de vieille date ou acquis suite à des relations de travail) et sa famille au sens large (ex. parents, oncles). Les chercheurs en marketing les étudient séparément ou ensemble. Les séparer signifie s'appuyer sur un regroupement selon le statut social et limiter la compréhension de la circulation. Les étudier ensemble se base sur une vision de réseau social de liens forts ou faibles (Ahuvia, 2005) pour mieux comprendre avec qui se réalise davantage la circulation des produits et marques. Notre attention se centre sur la circulation de produits et marques, librement réalisée par le consommateur avec son entourage amical et familial. Il s'agit de la prise en compte du réseau privé du consommateur tandis que le réseau professionnel n'est pas pris en compte dans notre recherche pour deux raisons. D'abord, car suivre la circulation dans le milieu professionnel par la vidéographie demande un temps de prise des vidéos et un encadrement de la recherche avec l'employeur que parfois rend plus compliqué l'investigation dans ce milieu. Enfin, pour limiter l'étendue quantitative du réseau du consommateur grâce à un choix de distinction qualitative entre réseau privé et professionnel. Toutefois, parfois les relations professionnelles deviennent aussi amicales. Pour ces raisons, nous n'excluons pas a priori les passages éventuels de produits et marques entre amis qui sont aussi des collègues.

Notre informant principal est un consommateur qui a une expérience de circulation de produits et marques dans son réseau personnel (ex. amis et famille). Expliquant son expérience par des entretiens et permettant l'observation de la circulation des produits grâce à l'autovidéographie itinérante centrée sur l'objet, il permet de comprendre les facteurs (comme les pratiques et les membres) qui facilitent la circulation et les produits et marques qui circulent (typologie, quantité, fréquence et itinéraire), car dans notre vision la matérialité a un pouvoir transformatif d'un réseau. Il s'agit d'un type de réseau de consommateurs généralement plus réduit par rapport à d'autres types de réseaux basés sur des intérêts communs et qui regroupent plus de membres sur une ou plusieurs nations (ex. un réseau de passionnés de jeux vidéo). La dimension du réseau personnel du consommateur, bien que différente pour chaque consommateur, permet de suivre mieux les itinéraires de produits et marques qui circulent entre les membres du réseau. Les membres du réseau peuvent être géographiquement dispersés dans d'autres nations, régions, villes (ex. des amis expatriés pour le travail, des parents qui changent de ville de résidence après leur retraite, etc.).

Comme nous utilisons une approche qualitative, la construction de l'échantillon est bien différente de celle de l'approche quantitative. Les sujets ne sont pas choisis de manière aléatoire et le groupe n'est pas numériquement important pour satisfaire la représentativité. Au contraire, dans une recherche qualitative, le chercheur travaille sur un petit échantillon de personnes établies dans leur contexte (Miles, Huberman et Saldaña, 2013). Par conséquent, il doit faire un choix réfléchi pour un échantillon qui est construit progressivement (*theoretical sampling*, Glaser et Strauss, 1967).

Afin de constituer l'échantillon, des questions préalables doivent se poser. D'abord, en considération de la population mère et de la problématique : il est nécessaire de se questionner sur qui va être interrogé et pourquoi ; qui va être exclu et pourquoi et où on va trouver les interviewés (Miles, Huberman et Saldaña, 2013). Miles, Huberman et Saldaña (2013) considèrent que dans l'échantillonnage en recherche qualitative il faut considérer deux actions : 1) les limites liées à l'étude de cas, comme les conditions d'accès au terrain ; 2) le cadre théorique qui aide à la définition des processus de base qui soutiennent l'étude (*theory-driven*).

À ce propos, différentes stratégies d'échantillonnage peuvent être appliquées soit pour l'étude menée dans un seul cas, soit dans celui conduit à travers des cas multiples. Ayant focalisé notre attention sur le réseau personnel, qui est différent pour chaque interviewé, notre recherche s'intègre dans celui des cas multiples. En effet, chaque réseau personnel est différent pour chaque consommateur en termes d'étendue géographique et temporalité de fréquence de certains membres. L'échantillon des cas multiples ajoute de la confiance aux résultats (Miles, Huberman et Saldaña, 2013) afin de poursuivre une stratégie de réplication et une robustesse des résultats supérieure.

Dans la recherche par cas multiples, on suit deux critères : le principe de diversification et celui de saturation. La diversification est le critère majeur pour l'échantillonnage des cas multiples (Glaser et Strauss, 1967), afin de donner un panorama qui soit le plus complet possible d'une situation. En outre, dans le cas de notre accès au terrain par "l'effet boule de neige" il faut tenir compte de "l'exigence de variation" des positions (Bertaux, 2010). La "variété des positions" (Ibid.) nécessite une construction progressive de l'échantillonnage pour obtenir plusieurs visions du même phénomène. Pour cet objectif on peut appliquer une diversification externe (ou contraste) et une diversification interne (Pires, 1997).

Dans notre recherche nous choisissons une diversification. Notre échantillon est construit avec une assez large diversification afin de pouvoir étudier le phénomène de la circulation selon des points de vue différents. Une population différente est choisie par rapport à l'étendue géographique de leur réseau personnel (les amis et la famille peuvent habiter dans des villes, régions, nations différentes), ainsi qu'à des variables socio-économiques. L'étendue géographique du réseau permet de donner une variété supplémentaire de situations qui enrichit notre compréhension de la circulation de produits et marques par comparaison et contraste (Flick, 2018). Notre attention s'oriente aussi vers une diversification des caractéristiques propres des interviewés : âge, genre, nationalité, catégorie socioprofessionnelle.

Le chercheur peut recourir à différents moyens pour recruter les répondants potentiels de sa population mère qui correspondent à ses critères de recrutement, comme le réseau de connaissance, le "boule de neige" et le contact direct (Flick, 2018). Le recrutement de nos interviewés a été prévu selon trois moyens :

- Le réseau de connaissances (collègues et amis) qui nous a permis de commencer à trouver des personnes qui pouvaient correspondre au profil recherché de notre part du consommateur ayant une expérience de circulation de produits et marques dans son réseau personnel.
- L'effet boule de neige qui, à partir d'un interviewé, nous a conduits à d'autres profils.
- Le contact direct par mail sur le site internet institutionnel de l'entreprise ou de l'université, pour les experts.

La taille correcte d'un échantillon est celle qui atteint la saturation (Glaser et Strauss, 1967), c'est-à-dire quand l'apport d'une information complémentaire n'enrichit plus le corps de données collectées. Nous avons interviewé 33 personnes jusqu'à l'obtention de la saturation de la conceptualisation théorique (Poupart *et al.*, 1997). Parmi eux, 4 experts et 29 consommateurs ayant une expérience de circulation de produits et marques dans leur réseau personnel. Ces consommateurs ne font pas partie d'un même réseau social. Dans l'échantillon il y en a qui se connaissent, car leur recrutement a été fait par "boule de neige". Pourtant, si un consommateur A connaît le consommateur B et le consommateur B connaît le consommateur C, entre A et C il n'y a pas forcément de lien. Nous avons décidé de ne pas prédéterminer un seul réseau à étudier (par exemple le réseau personnel du consommateur A) afin de mieux comprendre le phénomène de circulation de produits et marques à partir des expériences différentes des consommateurs. Fixer un seul réseau limite l'exploration du phénomène et la variété des cas. Proposer plusieurs réseaux personnels (ex. du consommateur A, B et C) et interviewer tous leurs membres signifie faire face à la difficulté d'avoir la disponibilité de tous ces membres. C'est la raison pour laquelle dans la recherche qualitative on peut tracer et étudier un réseau à partir des entretiens d'un participant ainsi que comprendre un processus à partir de l'expérience du consommateur (qui émerge aussi en suivant les produits et les marques en circulation). Dans l'échantillon des interviewés on présente des informations qui qualifient la personne (âge, sexe, profession, lieu de vie habituelle), mais aussi l'étendue géographique de leur réseau personnel, des éléments quantitatifs sur la fréquentation du réseau loin et l'hébergement utilisé lors de la fréquentation des relations qui habitent plus loin. Dans l'analyse, ces données nous permettent une comparaison sur les réseaux différents et sur l'activité de consommation influencée par ces aspects. Parmi les experts il y a trois responsables d'entreprise et un sociologue. À propos des trois experts d'entreprise, il s'agit d'une responsable marketing stratégique d'un *multistore*, d'un responsable des ventes en magasin d'une marque locale de chocolats et du gérant d'une brasserie locale. Leurs différences nous permettent d'obtenir des données riches selon des perspectives organisationnelles différentes sur les supports à la circulation sur lesquels le consommateur peut s'appuyer. Les trois enseignes ont été choisies sur la base des marques de produits et de distributeurs cités lors des entretiens des consommateurs. Ils font donc partie de l'expérience du consommateur lors de la circulation des produits et marques dans son réseau personnel. L'entretien du sociologue d'une université européenne, expert dans la sociologie des mobilités, des réseaux et de la consommation, a été programmé lors d'un séjour de recherche à Milan, pour une meilleure compréhension des dynamiques socioculturelles qui accompagnent la circulation de produits et marques dans un réseau personnel, afin de compléter les données sur ce phénomène. Donc, de manière pragmatique d'un côté (les responsables en entreprise) et théorique de l'autre côté (le sociologue), les experts apportent des informations sur le contexte de recherche (Meuser et Nagel, 2002).

La relation entre chercheur et terrain est guidée par un code éthique. Il est basé sur un consentement informé qui encadre la recherche ainsi que sur les aspects de la participation : les tâches à suivre, le caractère volontaire de la participation, le but de la recherche[7], la garantie de la confidentialité, etc. (Flick, 2018).

---

[7] Informer sur la finalité de la recherche ne signifie pas informer sur les questions de recherche pour éviter d'influencer les participants. Il faut donc

Notre travail s'est toujours fondé sur l'éthique de la recherche et pour la réalisation des tâches demandées aux participants (entretiens et autovidéographie). Elle s'est concrétisée dans un consentement informé par écrit. Celui-ci est un aspect de plus en plus important sur lequel les revues scientifiques donnent de l'attention (Arsel, 2017). Utiliser un consentement informé est pertinent pour notre recherche et nous en faisons recours pour chaque participant.

6. RÉALISATION DES TECHNIQUES DE RECHERCHE

Nous avons procédé à la récolte des données après avoir préparé des supports (guide d'entretien et instruction pour l'autovidéographie centrée sur l'objet).

6.1 Conception et conduite de l'entretien

Pour la conception de l'entretien, nous avons suivi le guide itératif proposé par Arsel (2017) : s'ancrer dans une tradition épistémologique ; préparer le protocole d'entretien ; conduire l'entretien ; faire l'itération. Les entretiens ont été conduits en français ou en italien pour certains participants. L'italien et la langue maternelle de la chercheuse, tandis que le français et sa langue professionnelle. Tous les entretiens ont été enregistrés vocalement, retranscrits et le *verbatim* a été envoyé par mail aux participants pour leur confirmation (ou modification, ajoute). Les sept entretiens en italien ont été retranscrits en français par la chercheuse seulement après la confirmation du participant de son *verbatim*.

Plus particulièrement, concernant l'entretien des experts, dans notre recherche nous avons conduit deux types d'entretiens : 1) un entretien en italien avec un sociologue de la consommation, expert dans la sociologie des réseaux et des mobilités, qui a été enregistré, retranscrit et traduit en français après confirmation

l'entendre comme information sur la nature de la recherche, par exemple dans notre cas académique et non commercial, ainsi que sur la thématique générale de la recherche que pour nous relève du domaine du comportement du consommateur qui se déplace périodiquement dans des localités où il a des liens sociaux.

écrite du *verbatim* ; 2) trois entretiens de responsables marketing/vente de trois distributeurs de taille différente : a) un entretien avec un responsable vente d'une marque locale de chocolats; l'entretien a été enregistré, retranscrit et dont le *verbatim* a été confirmé par écrit ; b) un entretien avec le gérant d'une brasserie locale, retranscrit et dont le *verbatim* a été confirmé par écrit ; c) un entretien en italien avec une responsable marketing d'un magasin *multistore* de renommée international, enregistré retranscrit et traduit en français après confirmation du *verbatim*.

Les entretiens d'experts se sont déroulés en présentiel dans le lieu professionnel des interviewés, sauf pour le responsable des ventes d'une marque locale qui a été interviewé à l'IAE de Lille.

Lors de nos entretiens, nous avons vérifié que l'interaction était symétrique. À cette fin, nous avons suivi les indications de Bogner et Menz (2009) sur les préconditions nécessaires pour le chercheur : la maîtrise du vocabulaire spécialisé, la connaissance spécialisée, le côté institutionnel et le titre académique. Pour l'entretien avec le sociologue, nous avons au préalable fait des lectures sur des sociologues qui ont traité des réseaux sociaux et de la mobilité (ex. Castells, Bauman) afin de comprendre leur pensée et les métaphores que ces sociologues ont utilisées pour cerner un concept (ex. liquidité, réseau).

Pour l'entretien avec les responsables commerciaux ou marketing, nous avons souligné notre expérience décennale en entreprise dans le secteur commercial. Ce détail a visiblement réduit une certaine distance perçue au début par rapport à notre statut académique. Notre expérience d'entreprise nous a placés non seulement comme des experts de nature théorique en raison de notre statut, mais aussi comme des personnes ayant fait une expérience du côté pratique et pragmatique en entreprise. Notre statut académique de chercheur au niveau du doctorat et le consentement informé portant le logo universitaire a joué les dernières préconditions nécessaires pour ce type d'entretien. Toutefois, nous avons conduit l'entretien avec un langage quotidien et pas technique (Bogner et Menz, 2009). Notre connaissance du langage spécialisé nous a permis de comprendre et de dialoguer avec les interviewés, même si nous avions utilisé un langage loin d'être technique, mais étant plutôt discursif, afin de permettre une lecture de l'entretien aisée à tout public. Vis-à-vis de nos experts, cette approche a permis de rentrer dans une syntonie de dialogue entre spécialistes sans pourtant rendre l'entretien trop enfermé dans un microlangage trop technique.

Afin de conduire les entretiens, un guide a été conçu pour nous poser comme interlocuteur compétent, pour éviter les hors sujet lors de l'entretien et permettre à l'expert de discuter de sa vision sur le problème (Bogner et Menz, 2002).

6.2 Instructions pour l'autovidéographie

Pour l'autovidéographie itinérante, nous avons donné certaines instructions aux participants pour faciliter sa réalisation. D'abord, chaque consommateur a pris connaissance de cette tâche au moment de la prise de contact et aussi à la signature du consentement informé. Ensuite, nous avons rappelé par mail cette tâche si après un mois ou deux nous n'avions pas reçu leurs vidéos. La plupart des consommateurs nous a parlé de la circulation de produits et marques lors de certains déplacements répétitifs dans des localités fréquentées habituellement (ex. lieu de vie de certains membres de la famille ou des amis). Donc, nous avons dû attendre les périodes de leurs déplacements afin d'obtenir les vidéos.

7. L'ANALYSE PAR CODAGE

L'analyse qualitative se réalise par un découpage des données selon un ensemble de démarches. La catégorisation consiste à identifier et classer les données de manière heuristique. Elle est suivie par l'abstraction afin d'atteindre à un niveau supérieur de conceptualisation (Spiggle, 1994). La catégorisation peut se réaliser de manière différente selon un processus de codage des données. Miles et Huberman (2013) proposent la démarche analytique suivante : a) attribuer des "codes" aux entretiens et aux notes de terrains pendant l'observation ; b) noter des réflexions dans les marges ; c) identifier des similitudes et relations entre variables et thèmes ; d) Élaborer des regroupements ; e) Confronter les regroupements aux théories. Saldaña (2013) explique que le codage est une réduction (au sens de condensation) des données selon une labélisation sur des portions de données (ex. photos, vidéos, sites internet, transcription d'entretiens). La portion peut varier entre un mot ou une phrase. Pour chaque portion, le code assigne symboliquement un attribut évocateur (ex. une métaphore) ou qui en cueille l'essentiel. Coder ne signifie pas seulement labéliser, mais lier les données à l'idée. Cette fraction de données constitue une unité de sens dont les codes qualitatifs capturent l'essence et les éléments essentiels pour la recherche. Ces codes facilitent le développement de catégories et donc l'analyse de leur connexion.

"Code" et "catégorie" ne sont pas deux mots interchangeables. La codification permet une organisation systématique afin de catégoriser. En d'autres termes, le codage est une méthode qui permet de regrouper les données codifiées dans des catégories. La catégorie va imputer le sens alors que le codage va le calculer (Dey, 1999). Donc, le code est une abréviation d'une catégorie plus importante à découvrir. Les chercheurs ne partagent pas le même avis sur le nombre de codes souhaitables pour une analyse qualitative, tandis que les catégories peuvent s'étendre jusqu'à une trentaine et que trois thèmes ou plus ce sont une quantité "élégante" pour les résultats d'un travail qualitatif (Saldaña, 2013). Ensuite, le passage aux concepts se réalise par un niveau plus élevé d'abstraction et de généralisation qui passe par des thèmes.

Rossman et Rallis (2003) expliquent la différence entre thème et catégorie : « *pensez à une catégorie comme un monde ou phrase qui décrive le segment de vos données qui est explicite, tandis qu'un thème est une phrase qui décrive un processus plus subtil et tacite* » (p. 282). Donc, le codage demande un processus itératif qui amène le chercheur à ses premières conclusions qu'il confronte à la théorie (Miles et Huberman, 2013). L'utilisation heuristique du codage suppose un travail sur les liens entre les catégories (Allard-Poesi, 2003). Dans l'analyse de la vie sociale, il est recommandé d'examiner les structures et processus, les causes et les conséquences observées dans les données (Lofland *et al.*, 2006). Le travail sur les liens entre catégories permet d'arriver à une construction théorique (Allard-Poesi, 2003). Nous présentons une forme de codage qui vise à aboutir à la construction théorique : le codage selon la théorie ancrée. Le codage à visée théorique est la forme de codage qui a été retenue pour notre analyse. Ce codage peut être défini de la manière suivante : « *passe par un ensemble de réflexions : découvrir les données, essayer d'interpréter et de donner du sens, réorganiser les données et trouver des réponses provisoires aux relations entre les données* » (Point et Voynnet Fourboul, 2006, p.62). Cette démarche d'analyse implique une orientation inductive et privilégie le paradigme interprétatif. Notre choix se justifie en raison de notre perspective interprétativiste et de notre démarche inductive. Cette méthode s'appuie sur la théorie ancrée (*grounded theory*) de Glaser et Strauss (1967), considérée comme une approche systématique à la recherche qualitative inductive. Ce processus applique certains types de codes aux données à travers des cycles cumulés de codage qui conduisent au développement d'une théorie qui est ancrée dans les données. Strauss et Corbin (1990) organisent le processus de codage en trois étapes : le codage ouvert, le codage axial et le codage sélectif.

Le codage "ouvert" (Ibid.), ou "initial" (Saldaña, 2013), est une première étape d'analyse afin de décomposer et regrouper les données en catégories selon leur nature, dimension et relation. Dans cette démarche, les codes assignés peuvent être issus du discours des intervenants, dits *in vivo*, ou des codes théoriques émanant du processus de réflexion du chercheur. Le codage "axial" établit des liens entre les catégories. Il est donc imbriqué avec le codage "ouvert" ou "initial" (Point et Voynnet Fourboul, 2006). Le codage "sélectif " (Strauss et Corbin, 1990) ou "théorique" (Saldaña, 2013), vise à une abstraction plus importante pour définir une catégorie centrale qui relie les autres catégories déjà identifiées. Saldaña (2013) affirme que les codages de type *in vivo* et "ouvert" font partie du premier cycle de codage (la première étape du codage afin de séparer les données en segments codés). Le codage de type "théorique" appartient au deuxième cycle du processus de codage pour les dernières étapes de l'analyse des données, afin de comparer et réorganiser les codes jusqu'à une stabilisation de l'ensemble. Les données sont traitées en se concentrant sur les contrastes et les éléments de différenciation (Strauss et Corbin 1990). Les catégories ont des propriétés et dimensions distribuées dans les codes des données similaires (Saldaña, 2013).

7.1 Le premier cycle de codage de nos données d'entretiens

Dans notre processus de codage, nous avons d'abord considéré les idées clés issues du discours des participants selon le codage initial. Le codage initial consiste à couper les données qualitatives en différentes parties, les examiner et comparer selon les similitudes et les différences (Strauss et Corbin, 1998). L'objectif du codage initial, surtout pour la théorie ancrée, est de « *rester ouvert à toutes les directions théoriques possibles indiquées par la lecture des données* » (Charmaz, 2006, p.46).

Nous avons d'abord codé les données selon la méthode *in vivo*. Ce codage représente le premier cycle de la théorie enracinée, celui du codage "ouvert" (Glaser et Strauss, 1967) ou "initial" (Strauss et Corbin, 1998 ; Saldaña, 2013). Le codage *in vivo*, est pertinent pour les transcriptions des entretiens. Du moment où le code est le terme utilisé par le participant, il permet de rentrer dans son langage et sa perspective, car il s'ancre dans ce qui est vécu par lui. Le codage *in vivo* permet aussi d'identifier des mots à partir des membres d'une culture ou microculture spécifique (Saldaña, 2013) pour condenser le sens (Charmaz, 2006).

Nous présentons un exemple du codage *in vivo* appliqué à nos données dans l'illustration suivante.

Illustration du codage de premier cycle de nos données.

Verbatim	**Code *in vivo***
Et du coup ils nous font découvrir des restaurants. Tout à l'heure je disais qu'il y a des **nouveautés**, bah voilà. Cela fait partie des nouveautés qui sont amenées	Nouveautés

Oui, il y a clairement un intérêt pour le volume, les coûts de transport, mais pas seulement. Je le fais aussi sincèrement pour **faire connaître** les produits. Par exemple, laissons le prosecco un moment et allons chercher le vin. Le beau-frère d'un grand ami d'enfance est vigneron dans le Salento. Ce sont des vins biologiques, de très bons rouges	Faire connaître
Cela se fait par réseau d'amitié, pour essayer de trouver des **alliances** entre amis qui ont un intérêt commun. Dans mon histoire j'ai eu aussi l'occasion de commander du vin que l'on commande depuis une vingtaine d'années. Là on est passé à une échelle un peu plus importante avec un entourage très large. Le fait de commander en quantité nous permet d'avoir un coût de livraison réduit. C'est un produit qu'on commande régulièrement	Alliances
Moi je fais d'abord partager l'expérience. Il faut partager quelque chose qui a une vraie valeur. Je ne suis pas là pour vendre quelque chose, mais	Rendre service

plutôt pour **rendre un service**	

Saldaña (2013) affirme que le codage selon la théorie ancrée peut être utilisé pour coder chaque phrase ou paragraphe. Une facette importante du codage initial pour la théorie ancrée est la recherche des processus : les actions des participants qui ont des antécédents, des causes, des conséquences et le sens de la temporalité. Pour le chercheur on peut donc utiliser des codes de processus. Nous avons aussi utilisé ce codage dans certains cas.

Illustration du codage initial avec des codes de processus.

Verbatim	**Code de processus**
Non, je crois que non. Parce que mon papa c'est sûr qu'il ne va pas acheter sur internet et il me le demande. Et ma voisine, mon amie, même elle me dit : "Achète-le quand tu t'y rends"	Intermédiation
Il y a des périodes, en fait. C'est ondulant parce qu'il y a différentes manières de trouver ces produits. Ondulées parce qu'il y a des moments où l'on commande en ligne et à certaines périodes de l'année - bien sûr quand les stocks se terminent et dans ce cas on attend la fin des stocks - et d'autres qui sont liés à certaines périodes de l'année où l'on sait qu'on	Cyclicité

vient nous rendre visite. Il y a donc quelques moments où nos proches peuvent se libérer, venir nous apporter quelque chose. Donc c'est plus une courbe	

Ces codes ont été importants pour qualifier la circulation : la répétition dans le temps, les passages par les mêmes personnes, les mêmes trajets et modes de transport. Avec l'émergence de l'intermédiation, on a repéré certains rôles dans le réseau.

Strauss (1987) recommande aux chercheurs d'examiner les codes *in vivo* comme de possibles dimensions de catégories. Dans notre démarche vers des catégories, nous avons regroupé les codes dans l'univers de chaque catégorie. Strauss et Corbin (1998) expliquent qu'il faut au moins dix entretiens avec un codage détaillé pour construire une théorie ancrée, mais d'autres chercheurs recommandent entre 20 et 40 entretiens (Saldaña, 2013). Nous avons gardé une liste séparée des codes émergents comme conseillés par Strauss et Corbin (1998) afin de réfléchir dans la progression de l'analyse.

7.2 L'analyse des vidéos

Le codage initial peut s'appliquer aussi aux images (Flick, 2018). Pour un usage scientifique des images, il faut les articuler avec le texte afin de préciser leur sens et leur contexte de production (Chauvin et Reix, 2013). La notion de "texte" doit être prise dans son acception la plus large, c'est-à-dire allant de l'écrit à l'oral. Les images deviennent des outils d'enquête qui prennent des formes différentes et peuvent être produites par l'enquêteur comme par la personne interviewée (Harper, 2002).

Dans notre recherche nous avons demandé aux participants de réaliser des vidéos avec leur téléphone mobile, lors des moments de circulation des produits : achat, transport, consommation personnelle/partagée ou consigne à un autre membre de son réseau personnel. Parmi les participants, il y en a qui ont réalisé des vidéos aux différents moments de la circulation. D'autres, qui ont fait plusieurs reprises vidéo sur plusieurs produits et marques, surtout au moment de leur achat et du transport. Certains participants ont réalisé une seule vidéo à un moment spécifique de la circulation, par exemple celui du transport. En tout cas, ces données ont enrichi les données des entretiens et ils présentent une complémentarité par rapport à d'autres méthodes comme l'entretien (Flick, 2018).

Afin d'analyser les données issues des vidéos, nous avons conduit une analyse basée sur les indications de Knoblauch, Tuma et Schnettler (2014). L'analyse interprétative des vidéos est guidée par l'exercice de compréhension du sens des actions des acteurs. Les vidéos de notre recherche concernent des interactions sociales. Il s'agit des actions d'une personne qui est motivée, orientée et coordonnée avec les "autres", c'est-à-dire des personnes ou des objets (Ibid.). Dans notre recherche les consommateurs montrent les différentes étapes de la circulation des produits et marques. Lors de ces prises de vidéos, ils parlent (du produit, de leur action, du destinataire du produit/marque) et ils font des actes liés la circulation de produits et marques (placer les produits dans une valise, les donner en cadeau ou sous commande explicite à une personne).

D'abord, nous avons coupé chaque vidéo par séquence d'images. L'analyse séquentielle est possible grâce à la technologie qui permet de bloquer des parties des vidéos. À ce propos, nous avons utilisé *Nvivo* pour gérer ce type d'analyse. À chaque séquence nous avons associé un code en relation à l'action qu'on voyait dans l'image. Par exemple, nous avons indiqué sous le code "emballage" les séquences où l'on voyait le produit au moment d'être emballé ou une fois qu'il était emballé. L'emballage est un aspect du rôle logistique du consommateur. Pourtant, par les entretiens cet aspect a peu émergé en relation aux modalités concrètes de transport qui étaient mises en place par le consommateur. Les vidéos ont enrichi notre compréhension et confirmé le rôle logistique de certains consommateurs.

Chaque image est classée avec la référence de l'entretien. Pour raisons de garantie de l'anonymat, un fichier de correspondance a été créé avec un code alphanumérique (A pour les entretiens des experts, B pour les entretiens des consommateurs, suivi d'un numéro croissant). Les consommateurs ont été classés de B01 à B29 selon la séquence temporelle de l'entretien réalisé (B01 le premier, B29 le dernier). Dans l'image en bas qui a été prise du fichier *Nvivo*, on peut retrouver pour chaque code l'image associée (ex. glaciaires pour transporter des produits alimentaires frais), le code (ex. emballage) et la personne qui a réalisé la vidéo (numéro du fichier avec anonymisation).

Exemple de codage des vidéos avec *Nvivo.*

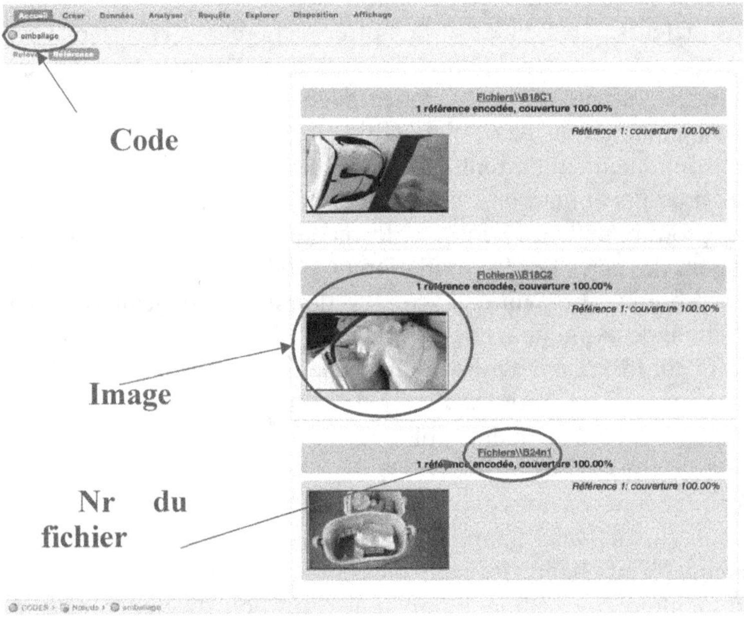

En poursuivant l'exemple de la codification des images sous le code "emballage", nous avons pu comprendre la différence de l'emballage proposé par les entreprises et celui ajouté par le consommateur. Dans l'exemple en bas, le consommateur achète un kilo de chocolat d'une marque locale qui est emballé par la vendeuse de manière standard. Ensuite, le consommateur ajoute du papier et du plastique afin de permettre une bonne tenue thermique du chocolat lors du voyage en périodes non froide. Le consommateur nous expliquera par voie audio qu'elle a cherché des informations à ce sujet et qu'elle a appris cette manière d'emballer. Encore une fois, nous avons enrichi les données de son entretien qui n'avait traité que marginalement l'aspect de son engagement au transport par l'emballage.

Exemple de séquence d'images sur l'emballage du produit.

L'analyse par séquence d'images nous a permis aussi de mieux comprendre la quantité des produits qui circulaient, les types de marques (nationales, internationales, locales), et le type de produit (ex. alimentaire ou de soin personnel). Souvent, ces informations n'ont pas émergé pendant les entretiens, ou de manière partielle. Par exemple, des consommateurs qui ont parlé dans leur entretien d'une marque et d'un produit dans la vidéo ont capturé des produits et marques qu'ils n'avaient pas cités pendant l'entretien. Dans d'autres cas, pendant l'entretien, le consommateur nous a parlé du produit de manière générique, parfois n'ayant pas à l'esprit le nom de la marque, tandis que sur les vidéos on peut mieux visualiser les marques. De plus, pour les consommateurs qui nous avaient parlé d'une marque, les vidéos ont permis de comprendre le type de produit acheté (ex. un type de biscuit) ou la gamme. Par exemple, dans les images en bas (dont une agrandie) nous avons repéré des marques comme Boots (anglaise), Estathé de Ferrero (italienne) et La Trinitaine (française). Il s'agit de produits et marques qui sont achetés pour la consommation personnelle (et familiale) ainsi que pour en faire cadeau.

La partie audio est souvent présente dans les vidéos récoltées. Nous avons retranscrit manuellement les parties vocales du consommateur et les dialogues avec les vendeurs ou les membres de son réseau personnel. Nous avons codé ces parties. Afin de mieux coder le *verbatim,* nous avons décrit aussi la scène visuelle qui était en train de se dérouler. En effet, chaque personne en interaction, même avec un objet, exprime une réflexivité (Knoblauch, Tuma et Schnettler, 2014).

Bien que les parties vidéo et audio soient séparées pour des raisons de codage et de classement, leur association est prise en compte pour l'analyse. Chaque image capturée d'une séquence vidéo est comparée à la partie audio, si elle existe. Afin de mieux comprendre le discours du consommateur, à chaque transcription écrite de l'audio s'associe une narration écrite de la scène vidéo du moment. Ensuite, la vision de l'image permet de mieux comprendre l'explication et le ressenti du consommateur, mais aussi les paradoxes. Dans l'exemple en bas, le consommateur nous montre des gaufres qui seront achetées pour en faire un cadeau typique à la famille lointaine, qui habite le sud de la France, mais qui est originaire de la région du Nord. Pourtant, bien que les gaufres soient présentées par le consommateur comme un produit typique du Nord dans l'audio, on voit dans la vidéo que sur le banc il est écrit "gaufres de Liège". Chaque codage est lié à des parties audio retranscrites et à des images de séquences vidéo regroupées. Toutefois, chaque vidéo a été visionnée entièrement et mise en relation avec l'entretien du consommateur.

7.3 Le processus de développement conceptuel

Pour développer un concept lors du processus de recherche, il faut passer par une deuxième phase d'analyse qui puisse mettre en relation les catégories. Un point central de cette démarche est lié aux "mémos analytiques". Il s'agit de réfléchir sur le choix des codes, catégories, thèmes et concepts qui conduisent à une théorisation (Saldaña, 2013).

Le mémo analytique (*analytic memo writing*) permet une conversation entre les chercheurs et leurs données (Clarke, 2006). La réflexion peut être orientée vers les participants, le phénomène, ou le processus investigué et se base sur la réflexivité du chercheur sur les données (Saldaña, 2013).

Les mémos renvoient à la production d'annotation à la marge dans la séquence d'analyse (Miles et Huberman, 2013) et permettent de conserver et faire progresser les pensées du chercheur (Point et Voynnet Fourboul, 2006).

Charmaz (2006) propose des questions qui aident dans l'écriture d'un mémo sur plusieurs aspects : a) ce qui se passe dans la situation ; b) ce que les individus font et disent ; c) le rôle du contexte pour appuyer, contredire et nuancer les actions ; d) les processus à l'œuvre, leur condition et conséquence.

Examiner et comparer la nature du mémo peut être différent. Il peut être "évolutif" s'il retrace l'évolution d'un code, "interrogatif" s'il rapporte les questions du chercheur, "associatif" s'il regroupe plusieurs idées (Point et Voynnet Fourboul, 2006). Nous avons utilisé les mémos principalement pour deux réflexions : celle autour de nos questions de recherche; celle autour des liaisons possibles entre codes, catégories et thèmes (Saldaña, 2013).

Les mémos liés à nos questions de recherche sont orientés vers la lecture des données en relation aux questions de recherche. Le mémo analytique est important dans le développement conceptuel basé sur la théorie ancrée. Gordon-Finlayson (2010) affirme que le mémo est le moteur de la théorie ancrée et non pas les codes. Pour Glaser et Holton (2004) les mémos supposent des relations entre les catégories pour générer une théorie. Les mémos ont une place importante dans le processus de la théorie ancrée. Nous présentons un modèle classique de développement de la théorie ancrée adapté à notre recherche.

Nous avons veillé à réaliser une itération tout au long du processus d'analyse entre les données, le codage et le mémo analytique afin de faire émerger les catégories ainsi qu'une catégorie centrale. Elle sera traitée dans la partie des résultats.

8. LES CRITÈRES D'ÉVALUATION DE LA SCIENTIFICITÉ

L'évaluation de la connaissance produite par une recherche qui se positionne dans le paradigme interprétativiste se réalise selon des critères de scientificité. En recherche interprétative on parle de "rigueur de la scientificité" et on évoque « *principalement les paramètres de crédibilité, de transférabilité, de constance interne et de fiabilité* » (Gohier, 2004, p.6).

Nous expliquons notre démarche de recherche pour montrer le respect de ces critères.

8.1 La crédibilité

La crédibilité vise à montrer la transparence du chercheur et l'indépendance de ses interprétations (Gohier, 2004). C'est un des critères utilisés pour évaluer la recherche qualitative et qui se sont développés à partir de la moitié des années 80 (Flick, 2018). La crédibilité se réalise par la triangulation des sources et méthodes pour valider le sens des observations, tandis que pour valider le sens des interprétations on peut recourir à d'autres chercheurs ainsi qu'aux participants (Gohier, 2004). Pour assurer la crédibilité de la recherche, la stratégie la plus utile est la triangulation des observateurs (Pourtois et Desmet, 2007). Elle permet d'atteindre la constance interne (Gohier, 2004).

Afin de répondre à ce critère, nous suivons les indications de Poupart *et al*. (1997) : la vérification auprès d'autres chercheurs, la recherche de la concordance des résultats, le recours aux feedbacks des sujets. La triangulation peut se réaliser aussi avec d'autres chercheurs (Miles, Huberman et Saldaña, 2013). Au sujet des données collectées, nous avons échangé avec des chercheurs expérimentés lors de notre séjour de recherche hors France (département de marketing de l'Université IULM de Milan), lors d'un colloque doctoral (organisé par l'Association Française de Marketing) et de deux séminaires doctoraux sur les méthodologies visuelles et ethnographiques (auprès du laboratoire NIMEC de Rouen en 2017 et en 2018). De plus, les premiers résultats ont été présentés à des colloques scientifiques et confrontés à une audience avertie (Journées Normandes de la

Recherche sur la Consommation, en 2018 ; *International Marketing Trends Conference,* en 2020 ; les lecteurs du Congrès International de l'Association Française Marketing, en 2020[8]). La concordance des résultats a été cherchée en s'appuyant sur des données de sources différentes (*verbatim* des entretiens ; images et *verbatim* de l'autovidéographie itinérante ; *verbatim* des experts). Il s'agit d'une triangulation par différence de données.

Enfin, nous avons présenté les résultats finaux synthétiques à tous les consommateurs qui ont participé à notre recherche pour recueillir leur feedback, afin de mieux vérifier notre analyse interprétative. C'est la technique appelée *member check* et qui a déjà été utilisée par plusieurs recherches (voir Epp, Schau et Price, 2014). Il s'agit d'une validation des données et de l'interprétation avec les membres du terrain étudié (Flick, 2018). Chaque participant a confirmé la transcription du *verbatim* par écrit (mail) sauf une interviewée qui nous l'a confirmé par voie orale. Ensuite, nous avons conduit un *member check* avec 6 interviewés afin de vérifier des ajustements possibles de notre interprétation selon leurs retours. D'autres recherches qui ont utilisé le feedback du participant se sont basées sur un nombre plutôt limité de retours (ex. 5 *member check* pour 70 entretiens dans la recherche de Epp, Schau et Price, 2014).

8.2 La robustesse

Ce critère est lié à la perspective temporelle (Wallendorf et Belk, 1989). Une observation étendue dans le temps permet d'expliquer les éléments de changement et les limites du phénomène. Le contact avec le terrain doit donc être interrompu pour poursuivre après quelques mois, voire des années.

Dans notre recherche, nous avons rétabli un contact avec nos participants en plusieurs temps : au moment de l'entretien, lors de la demande de confirmation du *verbatim*, au moment de la réalisation de l'autovidéographie par les participants et lors de la

[8] Le congrès AFM de 2020 a été annulé pour des raisons d'émergence sanitaire nationale (Covid19). Le papier que nous avons présenté a été évalué en double aveugle et publié sur les actes du congrès. Nous n'avons pas pu échanger avec les participants du congrès.

demande de confirmation de l'interprétation des données pour certains. À chaque moment une discussion informelle s'est établie afin d'apporter des précisions ou des intégrations aux données déjà collectées. Cette présence intermittente sur le terrain qui a duré presque toute la période du doctorat a permis de vérifier certaines variables. Par exemple, pour des raisons personnelles, un informant avait changé la fréquence temporelle de mobilité dans une localité où il avait des relations sociales. Cela nous a montré un changement de comportement en termes de consommation : ne pouvant plus être lui-même la personne qui transportait souvent les produits, il a délégué cette action à des membres de son réseau.

Illustration de la perspective temporelle sur notre terrain.

Vagues d'entretiens des consommateurs

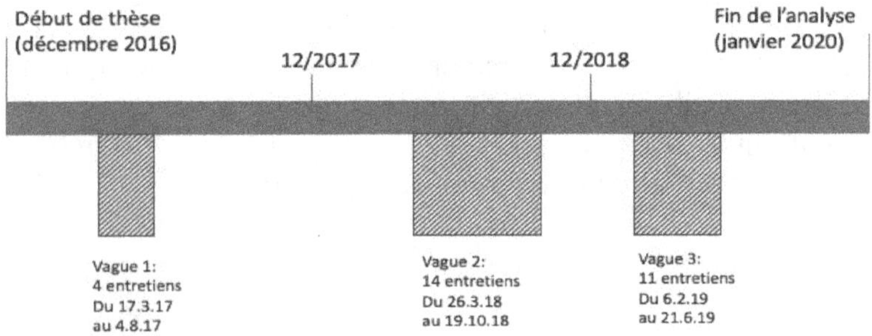

Points de contacts du terrain à plusieurs reprises au long de la thèse

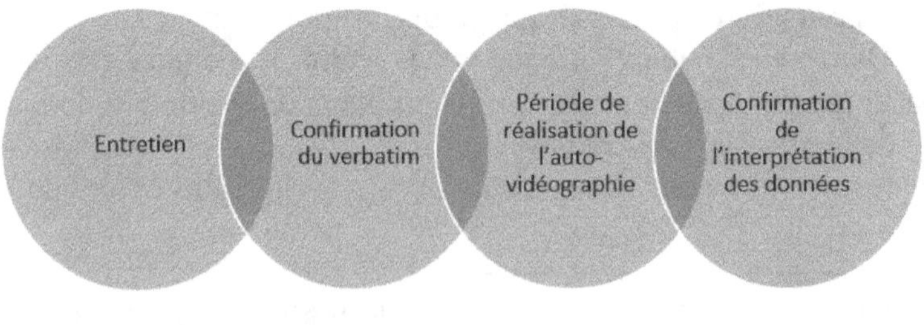

8.3 La transférabilité

La transférabilité permet de transférer les résultats à d'autres contextes. Pour certains chercheurs, elle peut être réalisée seulement *a posteriori* en comparant les conclusions à des contextes différents (Holbrook, 1986), tandis que pour d'autres la triangulation des sites serait suffisante (Wallendorf et Belk, 1989). La transférabilité peut se réaliser s'il y a une description épaisse des comportements, des expériences et des contextes, afin que les comportements puissent avoir du sens pour une personne externe à la recherche (Lincoln et Guba, 1985).

Dans notre recherche, nous avons traité des différents réseaux personnels du consommateur, par exemple selon la dispersion géographique de ses membres : à l'échelle nationale en Italie et en France, au niveau infrarégional en France et international dans une nation proche ou pas à la culture du consommateur (ex. la France pour une participante suisse et l'Angleterre pour une participante italienne). Nous avons mis en évidence les comportements similaires ou différents lors de la circulation dans des réseaux proches géographiquement et culturellement, ou loin en termes aussi de distance culturelle. Nous avons prêté attention aux types de liens entretenus entre le participant et les autres membres de leur réseau personnel pour mieux décrire le comportement par rapport à la relation sociale et vérifier son influence sur la circulation des produits et marques. Nous avons considéré aussi la fréquence de coprésence entre le participant et les autres membres lors de la circulation des produits et marques. Enfin, nous avons vérifié quels types de produits et marques circulaient et s'il y avait une relation entre le type de produit et l'origine familiale ou ethnique du participant. Une comparaison continue entre différents cas nous a permis de faire émerger les processus dominants, mais aussi les caractéristiques spécifiques des situations et donc les différences de comportement des consommateurs.

8.4 Les limites des méthodes

Même avec ces techniques des limites sont envisageables. Les limites à cette recherche seront exposées dans la partie conclusive, mais nous mettons en évidence synthétiquement celles relatives aux méthodes utilisées. Dans notre démarche qualitative, les données que nous avons collectées sont essentiellement discursives, c'est-à-dire basées sur le langage tenu par des individus dans des contextes et conditions spécifiques. Ces données présentent trois limites : l'influence du contexte dans lequel le discours prend place, la rationalisation qui s'impose aux individus confrontés à la logique du langage et l'interprétation que le langage suppose.

Les données issues de l'autovidéographie montrent plusieurs aspects de la circulation, mais chaque participant se focalise sur un ou plusieurs aspects, nous offrant une variété de données grâce à la subjectivité du vécu et à la manière personnelle de réaliser la vidéo. Cependant, nous n'arrivons pas à suivre tous les produits dans tous les passages de leur circulation qui avaient été demandés. Même si les vidéos sont fragmentées, ces données audiovisuelles se veulent complémentaires de celles des entretiens et enrichissent notre compréhension du phénomène (Flick, 2018).

CHAPITRE 3 : PROCESSUS DE CIRCULATION ET DIMENSIONS

1. LE CONCEPT D'ACCÈS AU CENTRE DE LA CIRCULATION

Le réseau personnel est le contexte relationnel étudié où nous avons suivi la circulation de produits et marques. Les membres du réseau personnel du consommateur peuvent être aussi bien géographiquement dispersés que proches par rapport au lieu de résidence du consommateur. Nous montrons que les produits et marques les plus susceptibles de circuler sont étroitement liés à la difficulté, pour le consommateur et pour ses relations, d'y accéder au quotidien, en termes de distribution, de prix, ou de culture de consommation. L'accès est à la base de la décision du consommateur de démarrer la circulation à l'intérieur de son réseau personnel. Afin de mieux contextualiser le concept d'accès qui émerge de notre recherche, nous présentons la relation du consommateur à son réseau personnel ainsi qu'une analyse des réseaux personnels de nos participants. Nous avons précisé auparavant que notre analyse ne vise pas à tracer quantitativement les contacts interpersonnels afin de proposer une visualisation graphique du réseau personnel complet des consommateurs. Pourtant, nous présentons une analyse qualitative des réseaux personnels.

2. LE CONTEXTE RELATIONNEL DE LA CIRCULATION

La circulation de produits et marques prend place à l'intérieur d'un réseau relationnel dont les membres sont soit géographiquement dispersés (dans la même région de résidence du consommateur et jusqu'à l'international), soit ils habitent dans la même ville que le consommateur ou dans les alentours. Étant donné que le réseau personnel est le contexte social dans lequel nous étudions la circulation de produits et marques, nous présentons la relation que le consommateur entretient avec les membres de son réseau, les différents réseaux personnels ainsi que le sens de la circulation de produits et marques en son sein.

Sur la base des entretiens, cette relation émerge des comportements décrits par les consommateurs. Nous terminons avec une analyse des effets de l'expérience d'un réseau géographiquement étendu au niveau individuel. Cette dernière partie plus individuelle nous permet de mieux comprendre, par la suite, le sens et le choix de certains produits et marques qui circulent, mais surtout l'engagement du consommateur. Pour ces raisons, elle est pertinente pour expliquer en profondeur le sens du comportement du consommateur et notre démarche d'analyse reste cohérente dans notre prise de distance d'une analyse totalement individuelle pour comprendre le phénomène de la circulation.

Les interviewés nous informent de différents membres de leur réseau personnel, leur fréquentation, des activités conduites ensemble lors des moments de coprésence. Plutôt que la relation avec les membres géographiquement plus proches, les consommateurs soulignent les spécificités de l'expérience de fréquentation des membres plus éloignés. Ces membres ne sont pas forcément des personnes originaires du lieu éloigné où ils ont installé leur résidence principale. Il s'agit parfois d'amis ou de membres de la famille qui habitent une ville à cause de mutations de travail, d'expatriations, ou d'un choix de vivre dans une ville considérée plus agréable pour y passer la période de la retraite, même en alternance. Le réseau personnel du consommateur dans une localité (ex. Londres ou Belle-Île pour certains interviewés) est composé aussi de personnes provenant d'autres villes, qui se retrouvent et fréquentent la même localité, par exemple pour les vacances ou les weekends. Le contexte géographique de fréquentation des membres du réseau personnel peut être la ville de résidence du consommateur ou la ville de résidence permanente ou temporaire (ex. pour les vacances) d'une de ses relations. Patrick, qui a une résidence secondaire à Pornic le précise ainsi : « *on a des histoires un peu similaires. On vient de régions différentes... il y a beaucoup de gens qui ne sont pas originaires de la région. Sur 27 habitations il y en a peut-être 7 ou 8 habitées par des gens qui sont de la région. Tous les autres viennent d'ailleurs* ».

Le consommateur fréquente ses relations lors des moments de coprésence, mais aussi à distance. Cet aspect se réalise aussi pour ceux qui habitent loin. Marie communique « *avec eux régulièrement* ». Bernadette grâce à ses contacts à distance peut dire : « *je vis à 800 km de distance, mais j'y suis un petit peu tous les jours quand même* ». La communication à distance est un aspect présent dans la relation avec les membres plus éloignés. Valentine explique les conversations qui passent sur WhatsApp avec les amies londoniennes : « *Elles me disent "Regarde ce soir sur I-Tv il y a ce programme", et je vais le voir car j'ai l'application pour voir les programmes britanniques de la télévision* ». Marie le souligne aussi : « *Je suis en contact avec Viareggio par les photos que je reçois »*. Informations et images passent par le réseau. Les contacts à distance se réalisent par les appels vocaux et par l'utilisation des réseaux sociaux : *« Donc en fait avec tous ces gens-là... j'ai gardé le contact. J'ai des constantes ... j'ai toujours le même parfum, toujours le même rouge à lèvres, je ne change pas voilà, et donc les amis c'est pareil. C'est-à- dire que... bon, il y a une permanence, j'ai une correspondante depuis que je suis petite, je la vois une fois par an... j'ai besoin de communiquer, de garder ces liens-là, donc avec ces amis italiens je communique régulièrement. Par WhatsApp j'envoie des photos. Mon mari par Facebook. On se téléphone. Quand il y a un événement, un attentat, ils appellent tout de suite pour savoir si tout va bien dans la famille. On n'est pas dans une relation qui est toujours ensemble. Mais c'est une relation qui s'est fortifiée au fur et à mesure et qui maintenant, je pense, est solide » (Marie).*

Les fréquentations sociales peuvent évoluer dans le temps. Les membres géographiquement proches du réseau personnel peuvent déménager et devenir des relations à distance géographique. Il est possible aussi qu'une relation éloignée puisse se perdre, en changeant la configuration du réseau. Sandrine, femme d'un militaire, explique qu'après un déménagement un lien amical s'est affaibli à cause du manque de rencontres :« *il y a treize ans on habitait à l'une des villes à côté de Nancy, on avait beaucoup sympathisé avec ma collègue [...]. L'année suivante ils sont venus nous voir à la Trinité chez ma grand-mère [...]. Et puis, petit à petit les liens se sont distendus, parce qu'il n'y avait rien qu'on faisait qu'on se voyait* ».

Ces résultats rejoignent les travaux en marketing et en sociologie. En effet, le réseau géographiquement dispersé a besoin de nourrir ses contacts dans la relation à distance (Urry, 2007), par la médiation de la technologie (Epp, Schau et Price, 2014), mais aussi par la mobilité physique qui permet une rencontre de face-à-face (Urry, 2007). Le réseau personnel peut avoir des configurations différentes selon les périodes de la vie. Sous une perspective sociale d'analyse du réseau par les liens forts ou faibles, certains membres plus centraux peuvent devenir plus périphériques, comme Sandrine nous a confirmés.

Les interviewés soulignent souvent leur "déconnexion" d'un certain contexte et style de vie quand ils fréquentent les membres de leur réseau géographiquement éloigné. Cela ne vise pas à une fluctuation liquide (Bauman, 2000) ou à une simple expérience vacancière ponctuelle (Masset et Decrop, 2016). La fréquentation périodique des lieux où il existe des amis et de la famille amène plutôt à vivre sa propre vie dans la participation à une autre communauté. Anna explique cet aspect en parlant de la différence par rapport à un touriste : « *[...] le touriste en réalité, il arrive, il reste une semaine et puis il repart, non ? Voilà... Ici pour nous... il s'est vraiment instauré un rapport de véritable cohabitation avec les autres personnes [...] faire partie aussi de la vie quotidienne d'aller faire les courses, le shopping... ça devient comme si on vivait sa propre vie, mais ailleurs, voilà* ». Ces contextes expérientiels sont à la base de la mobilité récurrente, cyclique, du consommateur. Nous définissons ce type de consommateurs comme étant à mobilité récursive.

2.1 Les différents réseaux personnels : une distinction en sous-réseaux de consommation

Chaque participant à notre recherche a un réseau personnel d'amis et famille. Pourtant, la circulation de produits et marques se réalise avec certains membres du réseau et pas d'autres.

En effet, les consommateurs interviewés ont des relations amicales et familiales géographiquement proches et loin. L'étendue géographique de leur réseau est liée à des histoires personnelles. Par exemple, Valentine est une femme italienne qui a ses parents et sa famille à Milan, mais elle a des amis à Londres et ses parents ont une résidence secondaire à la mer à Albenga (Italie). Elle a commencé à fréquenter Londres en jeunesse, car la tante de son petit ami de l'époque habitait Londres. Même si l'histoire amoureuse est terminée, la relation avec les amis connus à Londres a poursuivi. Elle fréquente aussi Albenga, une petite ville proche de la mer où ses parents ont une résidence secondaire. À Albenga elle a créé des liens d'amitié avec des locaux et avec des gens qu'y passent les vacances. Valentina est toujours attentive à faire circuler des produits et marques qui ne sont pas connus par le receveur, lequel est dépourvu du sens du produit et de la marque.

L'analyse qualitative qui émerge de nos données permet de proposer une synthèse des réseaux personnels selon une perspective différente de celle habituelle des liens forts ou faibles. En considérant l'univers de consommation du consommateur avec son expérience de consommation dans des lieux différents, on pourrait visualiser le réseau personnel selon le prisme indiqué dans l'illustration.

Le réseau personnel selon le prisme de la consommation par la circulation de produits et marques.

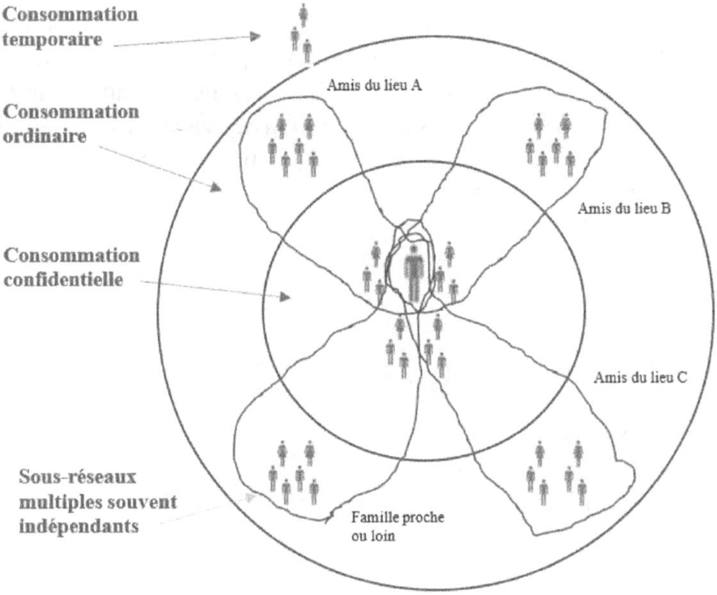

Le réseau du consommateur peut être représenté selon l'expérience de son univers culturel de consommation, de celle confidentielle à celle temporaire, en passant par la consommation ordinaire. Les cercles de la figure qui séparent les types de consommation sont des frontières conceptuelles.

La consommation temporaire est une consommation qui ne touche pas les habitudes du consommateur. Il s'agit d'un essai, d'une expérience ponctuelle de consommation, par exemple lors d'un voyage touristique ou de certains voyages récurrents. Il y a une possession superficielle des codes culturels du produit ou marque et les produits et marques qui circulent sont souvent des souvenirs clichés du lieu. Par exemple, Gabriel a fait des circuits touristiques de plusieurs pays pendant plusieurs années et à chaque fois il ramenait quelque chose de typique, comme les masques de Venise. Souvent, il s'agit de produits assez typiques du lieu qui peuvent être connus par les amis, ou bien ils ne le sont pas et alors c'est le consommateur qui les explique à son entourage de consommation ordinaire ou confidentielle. Ils expriment un côté exotique ainsi que la prolongation du séjour et ils sont utiles pour permettre au consommateur de raconter son expérience de voyage. C'est le cas d'Estelle qui a été invitée chez des amis français après son séjour au Vietnam, où elle se rend environ chaque deux ans pour rendre visite à son fils. Elle a ramené à ces amis des boules de tisane qui s'ouvrent comme une fleur. Elle a partagé l'expérience de consommation de ce produit après un repas entre amis.

Cette consommation peut être partagée aussi avec des membres plus centraux de la figure. Les cercles ne sont pas exclusifs, ne séparent pas les membres du réseau que de manière conceptuelle. Un membre de la consommation confidentielle peut bien partager la consommation ponctuelle et aussi celle temporaire du consommateur, mais pas l'inverse (ex. un membre de la sphère de consommation ordinaire ne partage pas la consommation confidentielle du consommateur central, mais il peut en partager la consommation temporaire).

La consommation ordinaire est celle où les membres du réseau partagent les mêmes codes culturels de consommation qui sont connus sur le territoire où ils habitent ou fréquentent régulièrement. Par exemple, pour un produit ou marque, les membres savent s'ils sont touristiques ou habituellement achetés par les locaux. Dans ce cercle conceptuel, les membres connaissent les produits et marques qui sont présents surtout sur leur territoire et le consommateur central ne doit pas les présenter. Par exemple, Gilles qui habite en France et sa mère qui habite au Liban connaissent les marques françaises de beauté et de vêtements. Quand il va rendre visite à sa famille libanaise, Gilles rapporte des marques françaises (ex. Yves Rocher, Jules, Lacoste, Decathlon). Pourtant, il ne s'agit pas d'un cadeau comme on pourrait le faire et recevoir en France, car en France ils coûtent moins cher qu'au Liban où ils sont considérés de luxe. De même Silvio, qui achète sur commande de ses amis des marques américaines quand il s'y rend pour le travail périodiquement. Les marques sont connues et le consommateur ne s'engage pas trop au niveau personnel, sinon pour le côté logistique.

Dans la consommation confidentielle, le consommateur partage, avec certains membres de son réseau personnel, des produits et marques qu'il aime, mais qui ne sont pas présents ou connus initialement par les autres. Donc, il doit introduire les autres membres de son réseau dans son univers de consommation le plus symbolique, identitaire, expérientiel qui n'est pas partagé avec tous. Pour cela, il doit fournir les codes de décryptage de cette consommation à ses relations. Il s'agit de produits et marques qui ne sont pas seulement liés à ses origines familiales ou à son attachement territorial d'un lieu, qu'il soit associé à ses origines ou pas. Dans le cas de la consommation confidentielle, les produits et marques qui circulent ont une valeur personnelle et un sens pour le consommateur central qui ne sont pas forcément connus par les membres du réseau qui ne font pas partie de ce cercle. Le produit ou marque devient singulier (Epp et Price, 2010), pas officiellement dans le marché (ce n'est pas une consommation ostentatoire, ni forcément typique ni de niche), mais pour le consommateur. Par exemple, Cristina rapporte périodiquement à son papa italien la moutarde Maille ou elle envoie à sa famille des bonbons Babeluttes. Ce sont deux produits banaux, mais qui se chargent du récit de son expérience en France, de son engagement à les faire circuler périodiquement. De leur côté les membres de ce cercle y trouvent de la valeur, aussi. On verra par la suite que cette valeur n'est pas liée seulement à l'appréciation du produit ou marque, mais aussi à son itinéraire et à l'engagement du consommateur.

Les personnes plus centrales sont des relations avec qui le consommateur partage une consommation confidentielle, c'est-à-dire une consommation qui ne rentre pas dans la culture de consommation connue par le réseau indépendamment du consommateur central (ex. produits et marques d'autres villes ou nations et qui sont peu connues au large public de consommateurs dans le lieu de vie du consommateur central). Avec les membres du réseau de la consommation confidentielle, il peut partager aussi la consommation ordinaire (celle qui est connue au grand public par d'autres sources) et temporaire (une expérience de consommation ponctuelle). Les cercles dépendent du produit ou marque qui circule et de la connaissance de son bagage de culture de consommation dans le réseau. Un même produit ou marque (ex. un kouign-amann ou un thé froid industriel italien de marque Estathé) peut être considéré de consommation ordinaire avec certains membres du réseau du consommateur dans un lieu (où on le connaît par d'autres sources que le consommateur central et on l'achète facilement grâce à une distribution assez capillaire), et de consommation confidentielle avec d'autres relations du consommateur. Nous verrons, par la suite, qu'il ne s'agit pas de produits et marques globaux, ni forcément locaux (mais aussi nationales), ni toujours artisanaux (ex. la moutarde Maille) ou typiques de la culture d'un lieu (ex. le thé froid italien). Ce n'est pas le produit ou marque qui façonne ce réseau, mais la différence des codes culturels de consommation entre le consommateur central et ses relations ainsi que la temporalité de consommation. Si le consommateur partage avec certaines relations une consommation ordinaire, il peut partager aussi une consommation temporaire. Seulement les personnes avec qui il partage une consommation temporaire sont les plus externes et ne font pas partie de son réseau, mais de rencontres ponctuelles (par exemple lors d'un voyage touristique).

Le réseau personnel du consommateur est composé de certains sous-réseaux selon les liens formels ou informels (ex. amis ou famille). Il existe différents sous-réseaux, qui sont liés aux lieux où ils sont placés (par exemple les amis de Londres et Albenga pour Valentine). Pour les amis, ces sous-réseaux sont souvent indépendants entre eux, c'est-à-dire que les amis d'un lieu ne connaissent pas forcément les amis d'un autre lieu fréquenté par le consommateur. En plus que ça, dans les cercles de consommation, on peut retrouver des relations avec des liens forts ou faibles. Une présentation du réseau (en cercles) par la force des liens n'aurait pas fait émerger ce réseau qualitatif. Ce réseau personnel émerge par la circulation de produits et marques.

2.2 Appartenance sociale, territoriale et autocatégorisation identitaire

L'appartenance à un réseau géographiquement dispersé touche le consommateur au niveau individuel. Bien que nous traitions des réseaux dans notre recherche, ce paragraphe sur la dimension personnelle de l'expérience d'un réseau étendu géographiquement nous permet de mieux comprendre, par la suite, le comportement d'engagement qu'il a vers certains produits territoriaux. L'appartenance à un réseau géographiquement dispersé est ressentie comme importante même s'il y a conscience des différences territoriales. Marie, depuis sa jeunesse, fréquente une cousine qui habite en Toscane et dans le temps elle a créé un réseau d'amis sur place. Elle affirme qu'elle est « *cette personne-là qui vit sur deux territoires comportant des différences et des ressemblances [...], mais il y a une chose qui est certaine : c'est que je n'accepterai pas de me priver d'une allée, d'un passage là-bas. J'ai besoin de faire mon passage, car c'est devenu vital* ».

La fréquentation répétitive des lieux où le consommateur a des relations sociales semble nourrir l'attachement territorial. Pourtant, la sensation de se sentir "chez soi" possède une nuance liée aussi à la relation sociale. Pascale, qui fréquente des amis au Touquet et la famille (parents et frère) à Nice nous le précise :
« *Curieusement, quelque part on est touristes, mais on ne se ressent pas comme touristes. On a l'impression d'être des habitués de la ville et d'être un peu chez nous là-bas, que ce soit dans les différents lieux. À partir du moment où on y va plusieurs fois, on a des habitudes, on connaît des gens sur place que ce soit des commerçants ou des amis et on a l'impression d'être un peu chez soi. Même quand on va au Touquet qu'on est à l'hôtel, on a l'impression d'être un peu chez nous. On connaît le lieu* ».
Q. : À quoi est-il lié le "chez nous" alors ?
« *Aux relations. Aux relations humaines qu'on peut tisser sur place* ».

Cet aspect relationnel du "chez soi" est confirmé par d'autres interviewés, comme Valentine, qui fréquente des amis à Londres et à Albenga (Italie), où elle se rend plusieurs fois dans l'année :
« *Je me sens chez moi à Londres parce que je la connais et parce que je fais partie d'un groupe d'amis locaux. Et au-delà du lieu où je me trouve, je me sens chez moi quand je me retrouve avec eux, et avec d'autres amis par exemple ceux d'Albenga. Il me semble d'être en famille* ». Le concept de "chez soi" a été traité dans la littérature comme étant lié à la spatialité, à la temporalité et

à l'identité (Giannelloni et Cova, 2010). Nos résultats montrent que ce concept est lié aussi à l'aspect social et d'appartenance.

Certains interviewés nous ont parlé des relations sociales qu'ils ont dans certaines localités et qui ont été créées grâce à la fréquentation de ces localités pour les vacances. Lorsque le consommateur entre en contact pour la première fois avec un nouvel environnement, sans aucun lien social local, le sentiment de "chez soi" précède l'attachement territorial, confirmant les recherches existantes (Robert-Demontrond et Bougeard-Delfosse, 2008). Estelle, qui a tissé des liens d'amitié avec plusieurs personnes à Belle-Île, qu'elle fréquente périodiquement, nous a raconté la première fois où elle est allée sur cette île, tandis qu'elle affirmait qu'elle se sent chez elle à Belle-Île : *« Belle-Île. Je suis belliloise même si Belle-Île ne m'appartient pas. Je suis arrivée là et c'est comme si j'y avais toujours été en fait. C'est comme si je connaissais depuis ... c'est bizarre comme fait, c'est comme si j'y avais déjà vécu dans une autre vie ».*

Estelle affirme être belliloise, tandis qu'elle est née à Paris et qu'actuellement elle habite une autre ville de la Bretagne. Sa sensation d'appartenance semble être plutôt affective et d'attachement territorial, tandis qu'elle reconnaît que l'île ne lui appartient pas, car elle n'est pas un lieu d'origine personnelle ou familiale ni le lieu de sa résidence principale. Mais elle fait partie d'un réseau amical sur place.

Le consommateur peut utiliser le "chez soi" par rapport à ses propres origines géographiques, mais aussi au lieu de résidence principale actuelle. On sort d'une seule définition de soi dans une autocatégorisation d'affiliation (Dion, Sitz et Rémy, 2012). Sandrine, d'origine bretonne, se définit bretonne : « *C'est une fierté d'affirmer son identité. De dire "bah, je suis bretonne"* ». Toutefois, elle utilise le "chez nous" même quand elle parle de la communauté du Nord, lieu de vie actuel après de nombreux déménagements suivant son mari militaire : *« Et voilà, chez nous c'est comme ça. "Chez nous" (rire)... donc bon là le "chez nous" ça devient le Nord... et bah c'est ça aussi* ».

La définition de soi dans une catégorie semble être dense de nuances pour ces consommateurs et souvent les interviewés changent de définition de soi lors de l'entretien. Ces différentes positions, exprimées au cours de l'entretien, pourraient être liées au concept d'"appartenance", nuancé entre appartenance territoriale et sociale du réseau personnel. Même si une personne n'appartient pas à un territoire au niveau de sa provenance d'origine, elle fait partie d'un réseau social et elle en est reconnue comme membre. Cette participation avec des membres culturellement différents au niveau de villes, régions et pays, demande la capacité de gérer tout cela. Cet aspect pourrait être approfondi en utilisant le cadre théorique du *soi dialogique* (Hermans, 2003) qui dépasse l'identification et la catégorisation identitaire. Il porte l'attention sur les actions de positionnement identitaire agissant sur la "socialisation du soi" : un processus où le "soi" et la société se réalisent l'un à travers l'autre grâce au dialogue des différentes voix internes qui reflètent la société externe. Pour le dire avec les mots d'Edgar Morin : « *Je suis dans le monde qui est en moi* » (comme cité par Askegaard et Linnet, 2011, p. 397).

Toutefois, la déclaration du "chez soi" vers une localité qui n'est pas celle de son origine comporte des tensions avec les relations sur la ville de résidence habituelle. C'est le cas pour Patrick, habitant de Tours, qui fréquente habituellement Pornic : « *Il y a une réaction ... si jamais je dis "chez nous" en parlant de Pornic ils disent : "ce n'est pas chez toi". Il y a ce côté quand même de dire : "on comprend, mais il ne faut pas que tu exagères non plus"* ». Le consommateur vit cette multiappartenance relationnelle et culturelle (au niveau de cultures nationales, régionales ou des microcultures locales) qui touche son identité, son autocatégorisation et doit jongler avec les tensions qui peuvent se créer avec d'autres membres au niveau de son appartenance territoriale ou relationnelle à des localités.

3. L'ACCÈS À LA DISTRIBUTION ET AU PRIX

Les interviewés justifient le choix de produits et marques à faire circuler dans leur réseau personnel en fonction de certains facteurs que nous regroupons sous le terme d'"accès".

Le premier est la présence d'un produit ou marque dans l'environnement résidentiel du consommateur ou de ses relations. Le registre que l'on peut entendre de nos participants sur les produits et marques qui circulent dans leur réseau personnel se décline dans des mots ou phrases autour de l'absence du produit ou marque, dans le lieu d'habitation du consommateur ou de ses proches. Armelle nous explique les habitudes de son frère qui habite le Japon :

« J'ai oublié de dire que j'ai un frère au Japon qui rapporte des produits du Japon. Lui il nous rapporte des bâtonnets de chips japonais, c'est très bizarre. Ou des petits sachets avec comme de petites frites à l'intérieur. Moi je lui achète des boîtes de pâte d'amande, parce que je sais que c'est un produit qu'il ne trouve pas au Japon. Pas le chocolat, parce qu'il peut en trouver au Japon et lui ce qu'il aime beaucoup c'est le miel. Il achète des pots de miel, des pots de confiture, des barres d'Emmental, du jambon sous vide. Il part avec une valise... il ramène à mes parents de l'alcool de prunes et pour moi les chips. Il arrive avec la moitié de la valise remplie de cadeaux et cette moitié de valise lui sert au retour pour ramener des produits français à consommer, à manger ».

Au manque de distribution du produit ou marque dans un lieu peut s'ajouter aussi la perception subjective de différence. Thomas achète pour sa famille des poulets fermiers qu'il partage avec des amis et affirme :

« L'authenticité... ce que j'apprécie c'est comment ils sont élevés... on parle beaucoup maintenant de Label Rouge et d'appellation et là ils n'ont pas de Label Rouge pour une question de dimension je crois, d'exploitation. Ils ne peuvent pas rentrer dans le cadre du Label Rouge mais par contre je me suis rendu compte que les poulets pouvaient sortir tous les jours, ils n'étaient pas élevés en batterie, comme malheureusement on peut voir sur des reportages ».

Nous verrons que les produits et marques qui circulent ne sont pas toujours liés à cette perception subjective de différence. On peut avoir des produits et marques de type cadeaux-souvenirs qui ne sont pas perçus qualitativement meilleurs, mais qui activent la circulation en fonction du manque de leur distribution dans l'environnement du receveur (ex. des objets achetés dans un magasin de souvenirs à l'aéroport comme pour Patricia). C'est pour cette raison que nous considérons l'aspect de la distribution comme étant le raisonnement commun qui est pris en compte dans n'importe quel type de lien aux produits et maques qui circulent. Par contre, nous verrons que l'attachement ou pas au produit ou à la marque influence l'engagement du consommateur.

Parfois, le consommateur n'arrive pas à s'approvisionner du produit ou marque qu'il apprécie dans son lieu de résidence, alors il s'appuie sur d'autres relations (amis, famille, collègues) qui sont en mesure de lui envoyer ou apporter le produit/marque. Gabriel est un homme remarié. Lui et sa femme ont eu des enfants de leurs premiers mariages. Ils ont une partie de leurs enfants dans le sud-ouest de la France, tandis qu'ils habitent le Nord. Il affirme : *« Il y a ma femme qui dit "tiens..." Les enfants de ma femme sont nés dans le sud, donc ils ont connu ces produits qu'ils s'aperçoivent qu'ils ne trouvent plus. Donc elle les ramène pour faire plaisir ».*

Exemples de phrases sur les produits/marques qui circulent.

Registre sur la présence du produit/marque qui circule dans le réseau	**Registre sur la différence perçue du produit/marque qui circule dans le réseau**
« Je ne trouve pas ici » (Valentina)	« Que peut-être nous avons ici, mais pas de la même manière » (Valentina)
« On n'en trouve pas d'identique en France » (Marie)	« Elle coûte deux fois moins cher qu'ici » (Paul)
« On n'en trouve pas ici » (Bernadette)	« Qualité » (Sabine)
« Je ne l'ai pas trouvé » (Cristina)	« Il y a une offre de gamme plus large » (Claire)

« Ici nous n'avons pas cette marque » (Vittorio)	« Authentique » (Claude)

L'accès à un produit peut intéresser les consommateurs pour plusieurs raisons. D'abord, il peut y avoir un consommateur qui était habitué à un certain produit ou marque en raison de ses origines géographiques. Par exemple, pour des expatriés internationaux pour le travail, il est difficile de trouver certains produits et marques comme dans le cas de Vittorio, un italien qui travaille sur la métropole lilloise depuis deux ans :
« La principale différence est liée aux habitudes qui se sont enracinées en près de quarante ans de vie, après avoir déménagé il y a un peu plus de deux ans en France. Le lien est donc avec les produits que j'ai toujours utilisés au cours de ma vie. Être en France aujourd'hui n'est pas hors du monde, mais en même temps je n'ai pas cette facilité d'utilisation ou cette possibilité de les trouver à la maison. Par conséquent, il y a certains produits en particulier que je n'ai pas la possibilité d'acheter immédiatement et par conséquent, la principale différence est par rapport aux produits, donc elle est liée à certains produits ».

Certains produits ne se trouvent pas chez les distributeurs autour du lieu de vie du consommateur, d'autres sont distribués, mais pas à côté du consommateur rendant difficile leur repérage. Vittorio affirme que *« Les biscuits Mulino Bianco, ou les Gocciole Pavesi, ce sont des produits que l'on peut aussi trouver ici, mais il est plus difficile de les trouver. Donc, si je dois faire mes courses quotidiennes, c'est difficile pour moi de les trouver».*

Le manque de produits et marques liés à ses origines est présent aussi pour des consommateurs qui ont déménagé dans une autre région de France. Pascale va rendre visite plusieurs fois dans l'année à ses parents, originaires du Nord et qui habitent maintenant Nice. Elle rapporte des produits que sa mère n'arrive pas à trouver dans l'environnement proche où elle fait ses courses: *« quand je vais voir ma mère, régulièrement elle va me demander de lui ramener un produit, qui est de la crème impériale. Donc on en trouve au supermarché, ici. Il n'est pas un produit, on va dire, typique du Nord Pas de Calais, mais elle ne le trouve pas ailleurs et donc elle me passe la commande* ».

L'accès à un produit ou marque territorial peut intéresser aussi des consommateurs qui ne sont pas originaires du territoire de ces produits et marques. Par les discours de ces consommateurs, il semble émerger un aspect affectif. Marie n'a pas d'origines personnelles en Italie, toutefois elle fréquente la Toscane une fois par an depuis plusieurs années. Elle affirme : « *Je ramène des choses que j'achète en Italie : des chaussures. Alors pourquoi ? bah parce que c'est quelque chose que je ne vais pas retrouver en France, c'est quelque chose qui va me rappeler mon paradis*». Même Paul, un français qui fréquentait des amis dans le sud de l'Italie et qui n'a pas des origines italiennes, exprime l'articulation entre ses désirs de consommation et ses choix quand il doit ramener des produits et marques en France : « *Je voudrais apporter presque tout, mais bien sûr je limite ce désir à ce que j'ai du mal à trouver ici comme les 'tarallini' des Pouilles, les 'friselle' et le café parce que la marque que je bois volontiers est le café Quarta qui y est produit* ».

Les produits et marques qui circulent sont liés aussi à la perception de différence, opérée par le consommateur. Thomas est originaire d'Amiens, d'où il ramène des poulets fermiers. Il déclare une différence perçue de qualité :
« *Je pense que ça a joué forcément dans ce sens-là. Mais le principal atout c'est la qualité. On sent vraiment qu'on mange ce type de poulet, qu'on n'est pas dans un type de poulet qu'on va retrouver dans des ... sans vouloir dénigrer la grande distribution, mais ... voilà, dans des entreprises de plus grandes échelles qui doivent forcément acheter en masse et qui ne vont pas être aussi attardant sur la qualité* ».

Ces résultats confirment la littérature existante (Giordano, 2006) sur la qualité perçue du client vis-à-vis d'un produit, qui porte sur des perceptions immédiates, à la fois rationnelles et subjectives. Selon ces théories, un produit de qualité doit avoir aussi une cohérence, une expressivité et une authenticité. Nous retrouvons des traces de ces aspects dans nos entretiens, par rapport aux produits que le consommateur fait circuler dans son réseau personnel. Valentine exprime sa manière de concevoir la cohérence au sens temporel : « *J'aime la qualité de certaines entreprises de vêtements qui n'ont jamais changé au fil du temps, peut-être même un peu trop classique, mais elles restent un point sûr ... bref, je veux dire les choses que sont toujours les mêmes, mais toujours de qualité* ». L'expressivité peut changer selon les codes culturels, comme affirmée par Gilles : « *Là-bas la vision est transformée. Comme c'est un produit importé, le produit devient un produit de luxe* ». Même l'authenticité est souvent soulignée par nos participants, comme Patrick : « *On veut plutôt un produit qui soit un vrai produit du terroir, qui a une identité, qui ne soit pas un vin élaboré avec des techniques qui vont le rendre exceptionnel aux yeux des grands spécialistes : ce n'est pas ce qu'on veut. On veut avoir de l'authentique* ».

Enfin, il y a des consommateurs pour lesquels le concept d'accès fait référence au prix. Dans ce cas, la circulation de produits et marques est plus liée à la difficulté d'être des clients de magasins locaux qui vendent un tel produit ou marque, et c'est par ses relations personnelles qu'ils arrivent à en devenir consommateurs. Nous retrouvons un exemple clarificateur par le *verbatim* de Gilles, un libanais vivant en France, qui amène des produits et marques françaises lors de ses voyages au Liban pour visiter sa famille et ses amis :

« Les gens peuvent retrouver les mêmes produits sur place. La seule différence c'est que ce sont des produits importés et ils deviennent des produits de luxe. Un produit de luxe signifie des produits très chers et du coup l'accessibilité à ces produits n'est pas possible à tous. Je prends un exemple : Décathlon. Décathlon ou Jules, ce sont des produits basiques pour les jeunes. Au Liban, Jules signifie porter le luxe. Porter un jean Jules c'est comme si je portais du Versace ou Lacoste. Du coup, ce n'est pas la même chose au niveau de l'image et du prix. Pour nous c'est une marque normale, là ça devient quelque chose. Ou Décathlon. Décathlon ici, ce n'est pas la référence. Au niveau de la qualité, c'est : "tout le monde doit faire du sport", c'est ça leur engagement. Le sport pour tout le monde. Là-bas la vision est transformée. Comme c'est un produit importé, le produit devient un produit de luxe. La différence est basée sur comment les produits sont perçus là-bas, c'est-à-dire comme des produits de luxe. Il y a des crèmes, je parlais d'Yves Rocher. On peut les retrouver là-bas, ce sont des produits, mais hors de prix. Déjà en France ils coûtent chers, en

plus si on ajoute le 20-30% de taxes, la TVA, plus le bénéfice du magasin qui est sur place le produit devient vite inaccessible. Du coup, on ramène ces produits-là, que ce soit par commande ou parce qu'on a vu que nos relations aiment bien ce produit-là, mais qu'ils ne vont pas l'acheter parce que c'est Jules. Alors je l'achète pour leur faire plaisir et en même temps il me fait plaisir».

Les différents intérêts à accéder à un produit/marque.

Origine du consommateur par rapport aux produits et marques qui circulent dans son réseau personnel	**Les intérêts à accéder à un produit/marque directement ou par le biais des autres membres de son réseau**
Originaire du territoire de provenance des produits et marques (ex. Silvio, Vittorio, Cristina, Alessia, Thomas, Gilles, Stéphanie, Patricia)	Marques territoriales. L'accès permet de garder un lien affectif et nostalgique avec des produits et marques dont le consommateur avait l'habitude de consommation. Il s'agit souvent de produits alimentaires qu'il juge de meilleure qualité
Non originaire du territoire de provenance des produits et marques : accent sur la valeur affective et sur la perception de différence comme celle qualitative (ex. Valentina, Marie, Bernadette, Anna, Paul, Estelle, Patrick, Sabine, Pascale, Vanessa,	Marques territoriales. L'accès permet de garder un lien affectif avec le territoire et le consommateur a une perception de différence qualitative par rapport aux produits distribués sur son lieu de résidence principale. Il s'agit de produits et

Laurianne, Claude, Michelle, Agathe, Gabriel, Ingrid, Armelle, Stéphanie, Claire)	marques alimentaires ou vestimentaires (ex. chaussures italiennes, café Quarta, produits de beauté Boots, jambon Kintoa, thé Estathé)
Non originaire du territoire de provenance des produits et marques : accent sur le prix (ex. Françoise, Marylène, Silvio, Gilles)	Marques territoriales et globales. L'accès permet à certains individus déjà consommateurs de la marque de réaliser une économie par exemple par opportunisme transfrontalier (ex. acheté des vêtements Max Mara à Milan plutôt qu'à Lugano ; ou faire ses courses à la frontière française plutôt qu'à Genève). L'accès permet à d'autres personnes d'être consommateurs de la marque autrement inaccessible sur son territoire (ex. certaines marques vestimentaires comme Jules et Décathlon considérées de luxe au Liban ; des marques de beauté comme Yves Rocher et Chanel)

L'aspect de l'accès émerge comme important pour déclencher le comportement du consommateur à transporter et faire circuler les produits et marques. Valentine, qui fréquente depuis plusieurs années des amis de Londres l'explique clairement :
« Sinon je ramène... certaines fois j'apportais des gâteaux, mais maintenant je suis un peu ennuyée et de plus maintenant ces gâteaux on les trouve ici aussi. Je ramenais aussi des cupcakes qu'ils ne connaissaient pas ... maintenant il y en a ici, donc rien... Disons que j'apporte surtout à mon père. À ma mère j'apporte toujours certains produits pour la maison, mignon, de la marque James. Peut-être quelque chose de coloré, mignon, principalement pour la mer. Puis je ramène le thé. Et j'apporte les produits de Boots, parce qu'il y a des crèmes antirides fantastiques que parfois... on aime. En règle générale, c'est ça. Parfois, j'apportais des choses de Diana, de cachemire, mais honnêtement maintenant nous l'avons ici aussi... donc... Voilà, je préfère aller sur des choses pour se raser, des choses comme ça ».

L'interviewée arrête la circulation de certains produits et marques lorsqu'ils sont distribués dans la ville de sa résidence principale. Dans ces cas, le consommateur exprime une perte de valeur. D'autres consommateurs se posent la question sur la possibilité d'expansion de distribution de la marque. C'est le cas d'Armelle, qui ramène toujours un kilo de chocolats de marque Benoît à ses parents et sa belle-mère : « *La question que je me pose c'est :" est-ce que je continuerai à leur rapporter du chocolat s'il y avait le magasin près d'eux ?". Je pense que je leur rapporterai des chocolats de chez Benoît parce que ça vient de ma ville, tout simplement. Je ne vois pas trop de raisons* ». Étant donné qu'Armelle nous avait dit que cette habitude était devenue un rituel, nous interprétons sa réponse sur cette base. Donc, il semblerait qu'un rituel consolidé puisse continuer indépendamment de la successive présence du produit ou marque géographiquement près du consommateur grâce à l'élargissement territorial des canaux de distribution.

4. L'ACCÈS AU DISCOURS DE CONSOMMATION

Le consommateur fait circuler différents produits et marques (ex. vêtements de Monsoon, Max Mara, Chicco ; vin et huile d'olive de production locale ; crème de beauté de Bootz ou Yves Rocher; biscuits, café et conserverie de poisson de marques régionales ou nationales comme Pavesi, Quarta, La Belliloise). Nous constatons que les produits et marques qui circulent sont surtout des consommables et majoritairement de l'alimentaire. Le consommateur qui démarre la circulation permet l'accès aux codes culturels nécessaires pour apprécier le produit ou la marque. Par la circulation, il favorise un accès symbolique au voyage du produit ou marque que le receveur n'a pas fait, mais que l'objet a vécu. Les discours des interviewés montrent les trois aspects qui caractérisent leur choix.

Les consommateurs souhaitent éviter la saturation. Choisir un produit consommable est nécessaire pour les consommateurs qui désirent renouveler le don. Un torchon, des plats et plus généralement des objets de longue durée émergent comme des exemples de cadeaux ponctuels, par exemple comme cadeau-souvenir. Au contraire, pour des cadeaux répétitifs, le consommateur veut éviter la saturation. Pascale exprime clairement ce raisonnement :

« J'ai envie de dire qu'il y a certains produits que je vais ramener une fois. Parce que ce ne sont pas des produits consommables. Je prends un exemple, celui de Nice, car c'est le plus récent qui est arrivé. Là-bas ils font des torchons assez sympas avec des couleurs sympas, avec parfois des écritures qui rappellent le sud. Donc ça on l'achète qu'une fois. Mais on ne va pas le ramener à chaque fois sinon on se retrouve avec une trentaine de torchons. On le fait une fois. Par contre des produits consommables que l'on va manger ou boire, là à ce moment- là on sera susceptible de les ramener régulièrement parce que justement ils sont consommables ».

Le passage à l'alimentaire peut venir aussi de la part des relations du consommateur qui lui passent des commandes quand il se rend dans certaines localités. Par exemple, Armelle reçoit plusieurs commandes par une amie du Nord afin de ramener des produits de la Haute-Savoie, où elle se rend cycliquement pour rendre visite à sa belle-mère : « *Donc, si elle me fait une commande ça sera soit... je commence à en avoir beaucoup... avant c'était de la vaisselle savoyarde, les tasses avec les pois... et maintenant qu'elle en a beaucoup elle me demande essentiellement des produits alimentaires comme du fromage* ».

Parmi les différents produits consommables, l'alimentaire est celui qui est l'objet des cadeaux et du partage répétitifs de nos participants. Silvio souligne que son choix tombe sur l'alimentaire, car « *la nourriture est un discours de base* ». Dans la littérature marketing, le don est souvent présenté comme étant associé à l'intention de faire plaisir au receveur (Belk et Coon, 1993). Mais si on ne connaît pas trop les intérêts du receveur ou si on a des intérêts différents, la nourriture permet une conversation :

« La nourriture est le produit le plus commun, chaque jour, nous en avons tous besoin. Je peux parler de vêtements, de sports et de produits techniques, mais vous en avez besoin... le produit alimentaire est un produit universel. Je ne peux pas parler d'une tenue technique ou d'un ski technique qui n'intéresserait que mes voisins de montagne, je ne peux pas en parler ici. Inversement, je ne peux pas parler de vélo à mes amis en montagne qui ne le font pas. Je ne peux pas parler de la pêche à la crevette à mes voisins des montagnes parce que personne ne le fait. La nourriture est donc une valeur universelle dans laquelle tout le monde se retrouve. L'autre dépend des passions de chacun de nous. Par exemple, je peux parler de photographie, mais je peux en parler avec des gens qui partagent le même intérêt » (Silvio).

Pour Ingrid « *On se trompe moins quand on ramène quelque chose d'alimentaire que si on ramène un vêtement. Je ramène aussi des livres, mais. Étant une bonne Française, je ramène surtout ce qui se mange* ».

Reprenant le *verbatim* suivant de Silvio, il affirme que l'alimentaire « *C'est presque de l'anglais ou de l'espéranto... c'est un peu un langage universel que tout le monde comprend* ». Pourtant, il est aussi l'expression d'une culture comme nous a dit Cristina : « *Je pense que c'est quelque chose qui parle immédiatement de la culture locale (...) c'est un peu comme goûter la culture d'un autre endroit, en bref* ». Le produit alimentaire est souvent un produit culturel.

Le troisième aspect qui émerge de nos données est lié au caractère expérientiel des produits consommables. Pour l'alimentaire, l'expérience est surtout sensorielle. Pour Cristina, l'alimentaire est « *Quelque chose que tout le monde peut essayer, tester .... Complètement : avec le goût, avec la vue... à bien des égards...* ». Marie aussi affirme que ramener de l'alimentaire et en faire cadeau ou le partager c'est faire vivre une expérience : « *le but c'est de partager, de partager autour de cette expérience* ». Pour Marie :

« On est débordée par notre expérience. C'est ça. Ça nous rend tellement heureux, c'est vraiment mon cas, quand je vois quelqu'un qui goûte et qui me dit : " oh là - là- là... ". Je suis heureuse. Alors, pourquoi est-ce que je suis heureuse ? Je suis heureuse parce que... alors d'abord ça valide mes choix (rire). Bon, mais c'est... Ce n'est pas ça. C'est un peu ça. Parce que quand vous en parlez, et que vous montrez... Moi, je suis une grande raconteuse, donc quand j'en parle j'arrive généralement à faire briller les yeux. Mais quand en plus j'accompagne ça d'un petit truc à toucher, à écouter ou à goûter, ça a un sens. Bah! alors là, pouf, ça augmente le plaisir de l'autre personne ».

L'expérience de consommation est un partage d'une expérience de vie dans un endroit spécifique, vécue de manière temporaire ou de longue durée. C'est ainsi que les consommateurs qui choisissent l'alimentaire ne sont pas forcément originaires des localités d'où proviennent les produits alimentaires. En effet, une large partie de ces produits font partie de la culture alimentaire locale, mais à la différence de la littérature sur les migrations, l'alliance des différentes pratiques alimentaires locales et d'ailleurs (Bundy et Peñaloza, 2014) ne se réalise pas seulement par l'alternance de consommation ou par des pratiques de bricolage (Özçağlar-Toulouse *et al.*, 2009). Il y a des périodes plus investies que d'autres dans l'utilisation d'une certaine culture alimentaire et pas seulement au moment du retour du voyage dans l'autre localité. Il y a aussi des stratégies d'approvisionnement à distance dans certaines périodes de l'année. Pourtant, l'approvisionnement passe souvent par ses relations personnelles et ceci amène un risque d'arrêt de la circulation si le consommateur change son engagement logistique.

Les types de produits choisis qui circulent le plus dans notre réseau de consommateurs.

Produits qui circulent le plus fréquemment dans notre réseau de consommateurs	Motivations
Consommables (alimentaires, produits de beautés)	Éviter la saturation Renouveler le don/partage Langage universel avec accent culturel Faire vivre une expérience sensorielle de consommation

5. ÉMERGENCE DE LA CONSOMMATION NON CONVENTIONNELLE

Les résultats de cette partie font émerger l'aspect de l'accès comme le moteur principal pour déclencher le processus de circulation dans le réseau personnel du consommateur. L'aspect relationnel et celui symbolique sont importants pour faire circuler n'importe quel produit ou marque, même ceux qui sont facilement accessibles au receveur. Pourtant, nous avons montré que les consommateurs choisissent de s'engager spécialement dans le processus de circulation de produits et marques à partir d'un raisonnement sur l'accessibilité du receveur.

De plus, ces résultats offrent une nuance différente du concept d'"accès" à la consommation. Ce concept a été traité dans la littérature marketing selon deux perspectives. Pour la première, l'accès à la consommation conventionnelle (*conventional consumption access*) indique un accès à un système de distribution de ressources qui implique des consommateurs passifs (Ertz, Durif et Arcand, 2016). Pour la deuxième, la consommation basée sur l'accès (Bardhi, Eckhardt et Arnould, 2012) représente une perspective différente de l'économie capitaliste et liée à la consommation collaborative, selon une vision liquide de consommation opposée à celle solide basée sur la propriété (Bardhi et Eckhardt, 2017). Nos résultats montrent que ce concept prend une autre signification : elle n'est pas opposée à la propriété d'un produit, se base sur une vision de la société en réseau et nécessite de la médiation du consommateur. Nous appelons ce schéma de distribution de ressources "consommation non conventionnelle" afin de la distinguer de la consommation conventionnelle, qui voit le consommateur comme passif ; et de la consommation collaborative, qui voit le consommateur comme à la fois celui qui obtient (*obteiner*) et fournit (*provider*) une ressource (Ertz, Durif et Arcand, 2016). Nous utilisons le terme "non-conventionnelle" au sens de Guercini et Cova (2018) pour indiquer une consommation qui n'adhère pas au standard conventionnel, mais qui se distingue aussi de son alternative, c'est-à-dire la consommation collaborative. En marketing la consommation conventionnelle se réalise par une relation directe entre l'acheteur (consommateur) et l'entreprise (producteur) (Ertz, Durif et Arcand,2016). Le consommateur achète produits et marques de l'entreprise directement ou par les distributeurs et il est passif dans la relation. Au contraire, dans le système non conventionnel, le consommateur obtient produits et marques par d'autres consommateurs qui ne sont pas les producteurs ou fournisseurs, comme dans la consommation collaborative. Il s'agit d'une manière de s'approvisionner de certains produits et marques non pas par un achat direct à l'entreprise, mais par d'autres consommateurs qui ont cette relation directe et qui ont une fonction d'intermédiaire. Il ne s'agit pas d'une intermédiation d'achat groupé, car les quantités ne sont pas importantes et parce que l'intermédiaire ne l'est pas pour un seul produit, mais il peut l'être sur plusieurs produits selon sa relation avec son entourage.

Émergence d'un schéma différent de distribution de ressources.

Consommation conventionnelle*	**Consommation non conventionnelle (notre résultat)**	**Consommation collaborative***
Le consommateur est considéré comme passif, un acheteur qui consomme les ressources ou services produits par l'entreprise	Le consommateur utilise ses propres ressources et celles de son capital en réseau pour accéder à la consommation de produits et marques non d'occasion, grâce à une réduction de la distance distributive, culturelle et de prix	Le consommateur obtient et peut aussi fournir les ressources, comme les biens et service, entre pairs (ex. vente d'occasion au marché aux puces) ou par la médiatisation d'une organisation

*sur la base des définitions de Ertz, Durif et Arcand (2016)

Dans la consommation non conventionnelle, le consommateur accède à la consommation grâce à un autre consommateur de son réseau qui lui fait arriver le produit/marque, souvent lors des moments de coprésence. Nous faisons émerger aussi un type de consommateur mobile avec des caractéristiques spécifiques et une consommation différente de celles étudiées en marketing (ex. touristes, expatriés). Nous l'avons appelé consommateur à mobilité récursive[9], pour ses

[9] Brodin et Scarano (2018). Nous utilisons le terme "récursive" qui est utilisé par le sociologue des mobilités Kaufmann (2000) pour traiter des mobilités avec des aller-retour et cycliques.

allers-retours envers des localités différentes de sa résidence principale, mais pas forcément très distantes (ex. dans la même région). Nous le présentons en comparaison au touriste, le type de consommateur mobile qui s'approche en raison de ses déplacements temporaires. Toutefois, si le touriste ramène chez soi des cadeaux-souvenirs qui n'impactent pas sa consommation habituelle, le consommateur à mobilité récursive ramène habituellement des produits et marques pour soi et pour son entourage d'un lieu à l'autre et pas seulement du lieu différent de sa résidence principale.

Le consommateur à mobilité récursive.

Types de consommateurs mobiles	**Caractéristiques du consommateur**	**Spécificités de la consommation**
Touristes	Recherche de cultures authentiques non contaminées (Thompson et Tambyah, 1999) ; d'un exotique (ailleurs) qui peut être symbolique (Ladwein, 2002)	Adaptation ou pas à la consommation locale (Thompson et Tambyah, 1999). Activités (Ladwein, 2002) et produits, dont les souvenirs (Masset et Decrop, 2016)
Consommateurs à mobilité récursive	Rôle actif dans le passage de biens et de pratiques culturelles entre localités	Consommation ouverte aux cultures de certaines localités

		choisies par le consommateur et pour une sélection de produits matériels et marques du marché local qu'il intègre et souvent fait rayonner dans son réseau personnel

6. L'ENGAGEMENT COMPORTEMENTAL DU CONSOMMATEUR

Afin de faire circuler produits et marque, nos résultats montrent trois types d'engagement comportemental du consommateur : informatif et de récit, logistique et d'essai. Il s'agit d'éléments constitutifs de la circulation de produits et marques. Nous utilisons le terme "engagement" selon la définition de Vivek *et al.* (2012) : « *l'intensité de la participation d'un individu aux offres ou aux activités d'une organisation, dont le client ou l'organisation est à l'origine* » (p. 127). Pour Brodie *et al.* (2013), l'engagement a trois dimensions : cognitive, émotive et comportementale. Pour Hollebeek *et al.* (2014) l'engagement est « *la valence positive de l'activité cognitive, émotionnelle et comportementale d'un consommateur qui est liée à la marque ou aux interactions focales entre le consommateur et la marque* » (p.149).

Le consommateur montre souvent un engagement informatif et de récit pour les produits et marques qui circulent dans son réseau personnel. Paul, à chaque fois qu'il ramène des produits d'Italie pour en faire cadeau à ses amis et à sa famille dans la métropole lilloise, donne beaucoup d'informations : *« L'origine, on explique l'origine surtout... l'histoire, le pourquoi s'est apprécié, le pourquoi c'est mangé... et ce que ça apporte au niveau de la santé, au niveau de l'hygiène, ce que ça apporte au niveau culturel...* ». Paul a un rôle anticipateur avec le but de susciter de l'intérêt : « *On a expliqué avant qu'on nous pose la question. Les gens ne sont pas toujours intéressés, mais nous essayons de susciter l'intérêt* ». Silvio fait émerger de ses entretiens le mot "présenter" : « *Par exemple, il y a une fabrique de confitures bien connue à St Gervais, que l'on ne trouve que dans quelques magasins très exclusifs ici à Lille. Pasteur, je crois, avec un prix doublé. J'ai donc présenté cette marque de confitures St Gervais à plusieurs personnes à Lille* ». D'autres (par exemple Sandrine, Paul, Alessia), insistent sur la connaissance, sur leur engagement à faire connaître un produit. Vanessa en parle pour solliciter la curiosité des autres : « *Si je dis que c'est bon et que les parfums sont originaux, ça va solliciter leur curiosité* ».

Le consommateur parle du produit, le présente, le fait connaître, et le valorise, car ce n'est pas un produit forcément connu par le receveur et parce qu'il peut avoir un sens, une importance pour le consommateur. Pour le faire, il utilise aussi des récits sur l'histoire du produit ou marque, ainsi que son expérience personnelle de consommation. Par exemple, Patrick affirme :

« *Quand on parle d'un vin comme le vin de Vouvray, qu'il y a eu une histoire très longue, c'est une histoire qui remonte après les années 1900 quand on a commencé à faire le Vouvray tel qu'on le connaît aujourd'hui. [...] on leur raconte l'histoire de ce vin comment il est arrivé en France, pourquoi il a été replanté et en quoi il se différencie des autres. On commence à transmettre toute la culture. [...] Et donc on transmet aux gens un peu de l'histoire de la région quoi, à travers un produit qui est une bouteille de Vouvray. On leur transmet l'histoire de la région, vraiment. [...] Et on s'aperçoit finalement que c'est un fil conducteur, qui est un vecteur qui rassemble et qui ramène toute une culture, toute l'histoire d'une région. Donc en amont d'une bouteille de vin on transporte avec cette bouteille de vin cette espèce d'arête de poisson, on transporte tout ça. C'est ça qui est intéressant* ».

Le fait que le receveur ne connaît pas le produit ou la marque, rend ce rôle important. Le donneur ne transmet pas seulement une information, mais son sens culturel et identitaire qui permet au receveur de se l'approprier. Pour le consommateur, ces produits ou marques aimés ont un lien avec son expérience culturelle et identitaire. Il a un rôle de "médiateur culturel". Le membre médiateur introduit le "nouveau"[10] produit/marque aux membres de son réseau et en explique la culture de production et consommation. Cela s'avère pour les consommateurs qui ont une liaison d'origine culturelle avec le produit, et aussi pour des consommateurs qui n'ont pas une affiliation géographique ou culturelle, mais affective. Les explications concernent l'origine, la production, l'utilisation, son apport culturel, ses habitudes de consommation, sa perception par rapport aux locaux. Par exemple, Alessia parle au receveur du cadeau de : « *L'origine, la région d'où il vient, s'il s'agit d'un produit traditionnel et comment il est produit. J'essaie de donner la description de l'objet et du produit, l'utilisation, s'il s'agit d'un produit considéré plus touristique et s'il est utilisé dans la vie quotidienne du lieu*». Il s'agit d'un rôle bien différent des "intermédiaires culturels" qui sont des professionnels engagés dans la production et légitimation de biens culturels (Smith Maguire, 2010). Le rôle du médiateur culturel est un rôle du consommateur qui connaît deux ou plusieurs cultures de consommation et permet à ses relations personnelles d'accéder à leur compréhension. Souvent, les autres membres du réseau ne connaissent pas tel produit ou telle marque. Il faut préciser que nous entendons la connaissance du produit pas seulement dans sa généralité (ex. un gâteau de type Kouign-amann), mais aussi de sa production (ex. artisanal ou spécifique d'un certain boulanger) qui le rend différent et "nouveau" selon la perception du consommateur (Rogers, 2003).

Avant de s'engager dans la discussion, le consommateur fait attention aux réactions du receveur pour vérifier si le produit ou marque va l'intéresser ou pas. Dans son raisonnement, il va considérer les goûts, la profession, l'âge du receveur, afin de proposer ou pas une explication sur le produit ou la marque. Le discours de Patrick montre ce type de comportement :
« On voit si cela les intéresse ou pas. Certains ne sont pas du tout intéressés. Nous, on connaît des gens... le chef, lui, il connaît

[10] La nouveauté est subjective. Ça peut être un produit nouveau pour certains membres sans qu'il soit un nouveau produit pour le marché.

tous les produits français. Donc, lui, ça va l'intéresser dans le sens où il va compléter. Et puis d'autres personnes... bah! on s'adapte à son public : si ça n'intéresse pas on n'en parle pas ; si ça intéresse, on approfondit. Si ce sont des jeunes, c'est rare... si c'est des gens de notre âge, c'est plus facile à s'intéresser à cet aspect culturel, identitaire ».

Pourtant, ce comportement est aussi dépendant des capacités communicatives du consommateur. Parmi ces capacités, il y a les compétences de communication comprenant les "habiletés de communication" (Norris *et al.*, 2008). La circulation peut être favorisée ou bloquée par les capacités communicatives du consommateur. Les interviewés qui font circuler les produits et marques dans leur réseau soit à l'aller, soit au retour d'une localité où habitent leurs relations personnelles, utilisent ces capacités dans la communication avec leur entourage. Ils transmettent leur expérience de consommation avec des produits et marques qu'ils amènent/ramènent et ils sont souvent à l'écoute des autres membres, pour décrypter les réactions des autres sur le produit.

Cette capacité de décryptage varie selon les personnes. Les recherches précédentes avaient montré une capacité différente entre consommateurs à comprendre les émotions du receveur du cadeau (Ganesh Pillai et Krishnakumar, 2019). Dans notre recherche, les capacités du consommateur ne sont pas seulement liées à la sphère émotionnelle. Les capacités communicatives peuvent aller jusqu'à la compétence en *storytelling*. Le consommateur désire « *communiquer* » (Marie), « *mettre en avant le produit* » (Claude), « *donner envie* » (Vanessa, Estelle, Marie), « *donner quelque chose d'elle-même* » (Vittorio). Le consommateur utilise souvent un *storytelling* qui n'est pas créé par le marketing de la marque. Il s'agit d'un récit intime, dans le sens qu'il raconte une histoire de microculture, de connaisseurs du produit ou marque. Ce récit n'est pas en opposition au *storytelling* de la marque, mais le consommateur l'utilise surtout pour des produits sans un fort marketing. Cet espace est comblé par le consommateur qui a suffisamment de liberté à la création et à l'appropriation d'un récit par ces sous-réseaux. L'appropriation nécessite une liberté interstitielle qui n'est pas possible avec un fort *storytelling* de marque qui, au contraire, convient aux touristes qui consomment des stéréotypes locaux.

Pour parler du produit, le consommateur propose aussi son expérience avec le produit. On rejoint l'importance des "histoires des consommateurs" (Jean Conti, 2006), utilisées déjà par les entreprises qui parlent à des clients potentiels sur comment les autres consommateurs ont bénéficié de l'utilisation du produit (Shaw, 2012). De plus, si envers le produit ou marque le consommateur a une valeur affective forte qui dérive de son histoire personnelle d'enfance l'implication est majeure. Stéphanie fait circuler des produits et marques de la Lorraine, sa région d'origine, et Lanzarote qu'elle fréquente plusieurs fois dans l'année. Elle présente ces produits à ses amis dans la métropole lilloise, mais elle nous dit : « *Je suis sûre que je suis fière de dire qu'ils sont fabriqués artisanalement à Majorque. Après, il y a moins d'implication personnelle que pour les bonbons, ou la tourte qui me rappelle ma grand-mère. Il y a quelque chose dans la consommation de produits de la région de notre enfance qui rappelle l'enfance* ». Ces résultats confirment les recherches sur la nostalgie de la marque que nous avons abordées dans la partie précédente.

D'autres interviewés n'osent pas une telle prise d'initiative et ils donnent des informations seulement s'il y a des questions posées par le receveur du cadeau ou du partage. Laurianne, par exemple, concernant les informations qui accompagnent le cadeau ou le partage d'un produit ou marque, nous dit de le faire si elle reçoit des questions de la part des receveurs. Elle en parle, mais : « *Pas forcément tout le temps. Après si vraiment le produit était exceptionnel, oui, ils nous posaient des questions* ». Michelle, qui passe toutes les vacances scolaires à Carnac, d'où elle ramène plusieurs produits, ne commence même pas le discours sur le produit avec ses amis :

« Tous les mardis soir, il y a un marché, ça m'arrive d'acheter du cidre et de le ramener. J'arrive à la maison, je sais que je l'apprécierai, ce qu'il représente pour moi, je sais que je l'ai acheté là-bas, mais face aux invités je ne vais pas raconter l'histoire du cidre et d'où ça vient, etcétéra. Je suis certaine de la qualité de mon produit, ça me fait plaisir, mais voilà. »

Q. : Quelle est la raison qui vous fait éviter de parler de ces produits à vos amis ?

« Parce que pour eux ça n'a pas... ça, ne va pas représenter pour eux grand-chose ».

Pascale aussi dit de ne pas accompagner d'explications majeures le produit ou marque qu'elle donne à ses amis : « *Je vais donner le cadeau et puis je vais dire : " C'est pas mal, goûte, tu verras si tu aimes ". Mais je ne vais pas forcément mettre le produit en valeur* ».

Parfois, le consommateur donne un récit et des informations sur le produit et la marque, mais pas sur le magasin d'achat sauf s'il y a une question posée à ce sujet. Par exemple, Pascale nous dit que *« De moi-même je ne vais pas dire : "Tu peux l'avoir à tel endroit". Par contre s'ils me disent : " Ah ! C'est super, comment je peux l'avoir ? ", alors là bien entendu, je vais leur expliquer* ». De même, Thomas affirme : « *si des gens nous posent la question, on raconte là où on l'a eu* ». Il semble y être un degré explicatif différent de la part du médiateur culturel en fonction de l'intérêt montré par le receveur de l'information et du récit, mais aussi de sa connaissance ou pas du produit ou marque.

Le degré informatif dans le cas des cadeaux et partages répétitifs aurait un cycle de vie : plus fort au début, quand le produit ou la marque ne sont pas connus par le receveur, plus faible quand ils sont connus.

Cycle de vie informatif du donneur répétitif par rapport à la connaissance du produit/marque par le receveur.

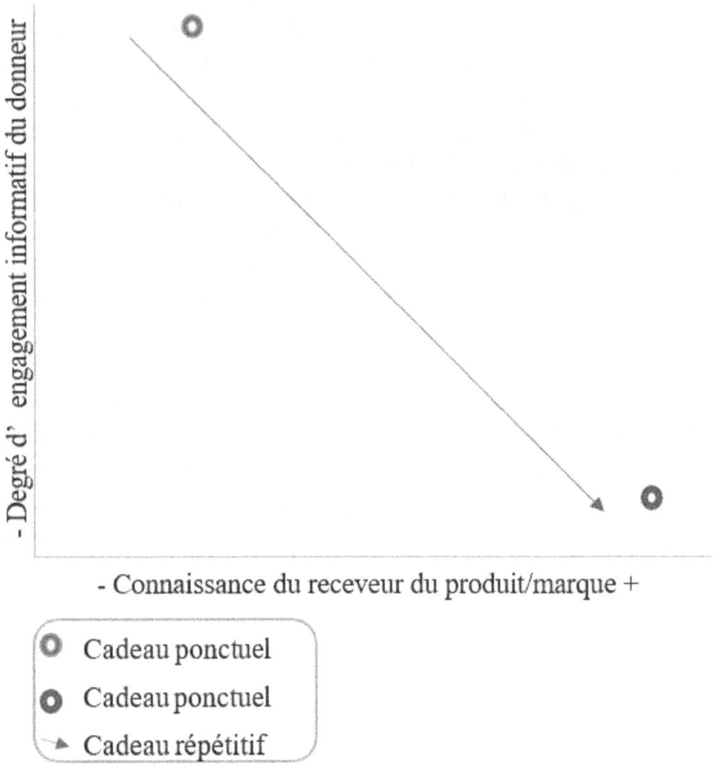

7. L'ENGAGEMENT LOGISTIQUE

Un aspect important qui émerge de nos résultats est l'engagement logistique qui est fondamental pour réaliser la circulation de produits et marques dans le réseau personnel du consommateur. L'engagement logistique est la participation concrète et active du consommateur dans la circulation physique de produits et marques. Elle se réalise selon trois modes : le transport personnel, l'envoi postal et la collecte des produits qui sont ensuite distribués.

Le transport personnel s'avère quand le consommateur amène et ramène des produits et marques pour soi et/ou pour d'autres personnes de son réseau personnel. Comme le choix de produits et marques qui circulent est lié à la difficulté d'accès à la distribution ou au prix dans le lieu de résidence du consommateur ou du receveur, le transport se réalise d'une localité à l'autre. Valentine, qui se rend à Londres souvent en avion depuis Milan, s'embarque « *toujours avec deux valises : l'une est vide, dans l'autre il y a mes affaires* ». Pour Paul aussi, au retour du sud d'Italie : « *Il peut y avoir une valise expresse pour les produits*». Alessia nous montre par vidéo le moment de remplissage de la valise prévue expressément pour les produits (ex. fromages et charcuterie) et marques (ex. Mutti, Calvé).

Utiliser l'avion, le train ou la voiture influence le choix du consommateur par rapport à la quantité transportée et à la nature du produit. Sabine fait circuler peu de produits et marques : « *Ça ne circule pas beaucoup, car nous prenons l'avion de Genève à Nantes et on a de tout petits bagages d'avion. Et donc on rapporte rarement quelque chose* ». Pascale aussi lie la mineure circulation au système d'avion :

« *Alors, sur certaines destinations on prend l'avion, donc il nous faut des produits qui soient facilement transportables en valise et qui puissent passer... alors, il y a l'histoire des bagages en soute. Si on voyage avec un bagage en soute on peut ramener des liquides, mais si on a que des bagages à main on est restreint par rapport à ça. Il y a des produits que j'aimerais ramener et que je ne peux pas parce que je n'ai pas un bagage en soute, donc c'est le système des vols qui m'empêchent de ramener certains produits* ».

Dans les limitations à la circulation, on retrouve ce que Foucault appelle "dispositif", comme les règlements nationaux ou des vecteurs de transport qui permettent la circulation seulement pour certaines quantités ou dans certaines conditions d'emballage. Le consommateur peut aussi bricoler au niveau de l'emballage. Armelle, qui prend le train pour rendre visite à ses parents ou belle famille dans d'autres régions de France, doit faire face à une amélioration de l'emballage des chocolats de marque Benoît pendant les saisons chaudes.

Le raisonnement du consommateur peut être aussi à l'inverse: le choix du moyen de transport est influencé aussi par la prévision de ramener des produits, comme dit par Marie : « *Donc on ne part pas en Italie en avion. On part en Italie en voiture parce qu'on ramène...* ». Dans la voiture il y a plus de place pour ramener des produits et moins de contraintes qu'avec l'avion, par exemple sur les liquides ou sur le poids. Toutefois, le consommateur prête attention aux conditions de transport des produits frais, comme dans le cas d'Ingrid, qui ramène du centre de la France des fromages pour elle et pour les amis, et du miel pour elle, les amis et les collègues. Dans sa vidéo, elle nous montre les moments de la mise en place des produits frais dans deux frigos de voyage, qui seront chargés ensuite dans sa voiture.

Il y a une entraide dans l'engagement au transport entre le consommateur et ses relations personnelles. Vittorio nous a dit que « *Si l'un des membres de la famille vient, il met quelques paquets de biscuits dans sa valise* ». Michelle s'appuie sur ses parents quand elle ne peut pas aller à Carnac et en profite pour acheter un miel local : « *on en ramène quand on y va et on demande à mes parents, à chaque fois où nous n'allons pas, de nous en ramener* ».

L'envoi postal est réalisé par le consommateur ou par ses relations et permet d'approvisionner les autres ou de s'approvisionner de produits et marques peu accessibles. Marie s'appuie sur des relations qui se déplacent en Italie et sur une amie sur place pour s'envoyer des colis :

« Quand quelqu'un que je connais va en Italie, je passe commande de deux ou trois petites choses qu'on me ramène. Histoire de me, de me rébooster un petit peu. Sinon, j'ai des amis italiens. Je téléphone à mon amie Grazia qui me loue cette maison et je parle avec elle. Voilà, on s'envoie des choses. (...) Donc on fait aussi circuler des choses par la poste. C'est galère la poste en Italie. C'est galère. ».

L'envoi peut être réalisé par un intermédiaire, comme dans le cas de Gilles : « *Lorsque ma sœur passe au Liban, je suis sûr que ma mère va lui donner des choses pour moi. Du coup elle va arriver en France et elle les envoie par la poste* ».

La collecte des produits, ensuite distribués, est la troisième forme d'engagement logistique. Par exemple, Patrick achète des

quantités importantes d'un produit qu'il garde chez lui et ensuite distribue aux amis aux fur et à mesure :
« *Maintenant si je vais acheter du vin, j'en prends aussi pour les autres parce que je sais que même s'ils n'ont pas demandé, je le ramène et ils vont être très contents de l'avoir, donc j'en prends pour toute le monde* ». Ingrid, de son côté achète plus de quantité de miel pour ensuite le distribuer : « *Donc, généralement on achète le miel, on paie le miel et puis les gens me donnent en fonction... après je porte le miel à domicile, sur le lieu de travail ou à domicile aux personnes qui me l'ont demandé* ».

Tandis que les chercheurs s'intéressent aux rôles des clients dans la logistique à l'intérieur du magasin ou relativement au transport chez soi (Goudarzi et Rouquet, 2013), notre recherche montre un rôle en dehors des magasins et pour un transport ou envoi aussi vers les autres.

L'engagement logistique est une sorte d'engagement qui n'a pas été exploré en comportement du consommateur. Pourtant, dans nos entretiens et vidéos c'est un aspect fondamental pour la circulation de produits et marques entre consommateurs. Il ressort des différentes formes d'engagement logistique deux rôles principaux : le "passeur" et le "point-relais". Le passeur transporte et/ou envoie par la poste les produits et marques à d'autres membres éloignés. Le point-relais collecte les commandes groupées sur un produit/marque qu'il a fait connaître dans son réseau. Il gère surtout le stockage temporaire de quantités plus importantes chez soi et ensuite la distribution à ceux qui lui ont passé la commande. Le point-relais est souvent un passeur qui gère des quantités beaucoup plus importantes de produits. La gestion de la quantité semble être une spécificité dans le passage de rôle. Le passeur a une relation dyadique pour le passage de certains produits et marques à son entourage. Il porte des produits ou des gammes différents à son entourage selon la relation entre eux et les goûts du receveur. Le point-relais est un rôle central dans un groupe de consommateurs qui en partie se connaissent entre eux (ex. collègues de travail, amis en commun). Il prend les commandes de son entourage sur un même produit.

8. L'ENGAGEMENT D'ESSAI

Enfin, le consommateur s'engage activement pour faire essayer le produit à ses relations. Il s'agit souvent de produits consommables, surtout alimentaires, mais aussi de produits de beauté (ex. crème visage). Pascale explique que « *C'est toujours un plaisir de faire découvrir aux amis certains produits parce que... simplement pour la curiosité de goûter autre chose qui nous plaît et parait de qualité* ». Pour Vittorio : « *Quand quelqu'un nous invite en France, nous sommes fiers de lui faire goûter un fromage italien, et c'est pourquoi nous lui offrons une forme de fromage. Cela arrive souvent* ». Par le don et le partage, le receveur peut essayer un produit et marque qui n'était pas connu auparavant. L'essai est une action qui trouve toute son importance en marketing, étant une action de promotion (Battais, 2003). Dans notre cas, l'essai n'est pas seulement une invitation orale, une recommandation (Howard et Kerin, 2004), mais un essai matériel sans aucun coût pour l'entreprise et en plus qui peut être accompagné par les informations du donneur. Les opérations marketing direct sont un levier important pour développer un nouveau produit. L'échantillon est la technique la plus utilisée en France et Allemagne même si elle n'est pas la plus efficace (Battais, 2003). Dans le cas des receveurs, le produit est perçu comme nouveau car pas repérable habituellement dans l'environnement de la distribution autour du lieu de vie du receveur. Pourtant, pour des entreprises territoriales (nationales, régionales ou locales), élargir son marché sur des territoires géographiquement et (micro)culturellement différents amène des risques (Jolivot, 2013).

Les rôles des consommateurs dans la circulation des produits et marques.

Rôles	**Définition**	**Engagement comportemental issu de l'analyse**

Médiateur culturel	Consommateur qui introduit verbalement le "nouveau" produit/marque aux membres de son réseau et en explique la culture de production et consommation souvent par un *storytelling* propre à une microculture	Informatif et de récit
Passeur	Consommateur qui transporte et/ou envoie par la poste les produits et marques à d'autres membres éloignés de son réseau personnel. Il fait essayer des nouveaux produits et marques au receveur	Logistique et d'essai
Point-relais	Il collecte les commandes groupées sur un produit/marque qu'il a fait connaître dans son réseau. Il gère surtout le stockage temporaire de	Logistique

	quantités plus importantes chez soi et ensuite la distribution à ceux qui lui ont passé la commande Souvent il s'agit d'un passeur qui gère des quantités plus importantes de produits	

Les trois rôles qui ont émergé de notre analyse peuvent être cumulés par un même consommateur. En effet, un consommateur peut seulement être médiateur culturel, par exemple dans une première phase où il commence à parler d'un produit ou marque qu'il apprécie ; pour ensuite devenir passeur s'il commence à ramener le produit et à le faire essayer au receveur. C'est le cas de Cristina qui avait commencé à parler à son papa en Italie d'une moutarde de marque française qu'elle aime, pour ensuite commencer à lui apporter cette marque à chaque rencontre périodique. Un médiateur culturel et passeur peut devenir ensuite un point-relais, s'il commence à collecter les commandes et à gérer l'achat pour le groupe, comme c'est le cas d'Ingrid avec le miel du centre de la France pour son entourage dans la métropole lilloise. Les rôles peuvent se succéder, mais aussi être indépendants. Par exemple, un passeur peut être une personne qui a seulement ce rôle sans avoir eu le rôle de médiateur culturel ou de rejoindre le rôle de point-relais. C'est le cas d'un ami ou une personne de la famille du consommateur qui envoie par la poste certains produits et marques sur sa demande. Étant le produit et marque connus, il s'agit seulement d'un passage logistique.

Enfin, ces rôles sont liés aussi au lieu d'achat et de provenance de produits et marques. Par exemple, il est plus facile que le rôle de médiateur culturel émerge pour un produit d'une autre nation ou région et donc très peu connu ou qui ne fait pas partie des habitudes de consommation du receveur. Au contraire, dans le cas d'un produit de la même région du receveur, il est plus facile que le rôle assumé du donneur soit celui de passeur, car il peut s'agir d'un produit connu dans la région, mais considéré mieux fait dans l'endroit où il a été acheté. Ces aspects nous indiquent une liaison entre la difficulté géographique d'accès aux sites de distribution loin et les rôles.

Dans la circulation de produits et marques, ces rôles permettent la promulgation, c'est-à-dire la mise en œuvre physique et culturelle de la circulation auprès des amis et de la famille loin.

9. LES MODES DE CIRCULATION : PERSPECTIVES, TENSIONS, PARADOXES

La circulation de produits et marques dans le réseau personnel du consommateur se réalise selon trois modes : don, partage et échange. Nous utilisons le terme "modes" au sens indiqué par Arnould et Rose (2016), c'est-à-dire la manière de faire circuler. Toutefois, nous allons expliquer que dans notre contexte d'étude, nous avons remarqué que le consommateur utilise ces modes de circulation selon des perspectives différentes de celles connues dans la littérature et il fait émerger des tensions et un paradoxe.

9.1 Le don comme extension de l'expérience de consommation

Le premier mode de circulation que nous présentons est le don. Le consommateur va utiliser le don pour faire circuler des produits et des marques. Armelle nous raconte de certains dons qu'elle fait à sa belle-mère qui habite en Haute-Savoie :
« Sinon, je commande en ligne des pierres, des minéraux qu'elle peut porter en pendentif. Elle aime beaucoup par exemple l'améthyste. Je sais que c'est quelque chose qui peut lui plaire. C'est de la pierre naturelle, avec un cordon, donc elle n'aura pas de problèmes d'allergies. Pour ma maman aussi. Pour l'été j'aime bien lui faire un joli cadeau. Ça peut être ça ou un cadeau acheté dans une boutique lilloise, ça dépend ».

À ce type de cadeaux s'associent d'autres cadeaux provenant des lieux fréquentés habituellement ou du lieu de sa propre

résidence principale. C'est le cas par exemple d'Estelle qui ramenait des produits provenant de Belle-Île, où elle se rend plusieurs fois dans l'année et elle a lié des amitiés :
« On ramenait de petits cadeaux pour les parents, on ramenait des produits régionaux, voilà de petits trucs, et on ramenait du kouign-amann. De Belle-Île. C'est un gâteau. Ça s'appelle la reine du beurre. Et donc le meilleur kouign-amann que j'ai mangé dans ma vie c'est celui de Belle-Île. Donc on en ramenait... des trucs comme ça ».

Nous remarquons une différence de discours entre le cadeau qui n'est pas associé aux lieux fréquentés habituellement et celui qui l'est. Tandis que le cadeau qui n'est pas associé à la localité fréquentée n'est pas lié à l'identité du donnant, dans l'autre cas il y a une partie identitaire et d'expérience de vie qui émerge dans le discours du consommateur qui donne. Estelle nous raconte ce qu'elle communique « *mon goût. Ma façon de consommer aussi. ...de moi-même... un peu ma vie, ma façon de vivre sur l'île* ». Vittorio souligne que donner ce type de cadeau « *C'est une extension de mon expérience, probablement* », car « *J'exprime ma manière de mettre en valeur mon expérience* ».

L'aspect identitaire émerge de manière plus évidente pour les consommateurs qui ont un lien d'origine à une certaine localité, comme pour Sandrine qui dit : « *C'est une fierté d'affirmer son identité. De dire que je suis bretonne, voilà ça fait toujours plaisir de faire connaître des choses aux gens de la même façon qu'on est content aussi d'apprendre à connaître l'origine de telle ou telle personne* ». Cela fait écho aux recherches qui affirment une liaison entre la consommation de certains produits ethniques et les origines territoriales du consommateur nationales ou régionales (Béji- Bécheur, Ourahhmoune et Özçağlar-Toulouse, 2014 ; Bundy, 2012 ; Charton-Vachet et Lombart, 2015 ; Demangeot *et al.*, 2015).

Une implication majeure émerge aussi pour les produits liés à son enfance, à une nostalgie de personnes et souvenirs, comme Stéphanie, qui affirme que sur les produits ramenés depuis Majorque « *il y a moins d'implication personnelle que pour les bonbons, ou la tourte qui me rappelle ma grand-mère* ». Stéphanie nous a parlé des bonbons d'une marque régionale et d'un produit qu'elle achète chez un boucher local et qui lui rappelle sa grand-mère. Dans les deux cas, il s'agit de souvenir d'enfance, comme elle l'explique. Dans les études sur la nostalgie (Divard et Robert-Demontrond, 1997), le produit nostalgique renvoie le consommateur à son identité et/ou histoire (Ferrandi, 2013).

Pour d'autres consommateurs, les produits et marques qui circulent ne sont pas liés à leurs origines personnelles ou familiales, mais expriment quand même une expérience de vie qui est volontairement proposée à leurs relations personnelles sur la base d'un croisement d'histoires et de cultures. Cristina, une femme italienne expatriée en France, exprime clairement cet aspect quand elle nous raconte son habitude d'envoyer à sa famille dans le sud d'Italie des chocolats dans un emballage représentant la Saint-Nicolas :

« Je ne me souviens pas comment ils sont appelés, emballés individuellement avec l'image de Saint-Nicolas dans la période de la fête de la Saint-Nicolas. Ils sont sympas... C'est un aliment, mais ils racontent une habitude locale : ici nous célébrons la fête de saint Nicolas qui est comme un père Noël qui apporte des bonbons aux enfants. Cela existait dans les histoires de ma grand-mère et c'est comme si je disais avec ce petit cadeau : "Tu te souviens que la grand-mère avait raconté cette histoire ? Vous savez que nous sommes ici dans un endroit très éloigné avec une culture différente, mais vous voyez comment ces choses peuvent se croiser..." ».

Le cadeau donné est une extension de l'identité du donnant (Belk, 1988). Dans le cas de Cristina et des participants qui offrent des cadeaux liés à une culture locale qui n'est pas celle d'origine du donnant, on y retrouve aussi l'extension d'une expérience personnelle du donnant et qu'il souhaite partager avec le receveur. Ce morceau d'entretien confirme les recherches qui montrent que l'anticipation des émotions du receveur du cadeau par le donneur peut influencer le don (Taute et Sierra, 2015).

L'attention aux goûts du receveur est toujours présente. Silvio, qui rapporte des crèmes de beauté de St Gervais à des amies, est attentif à nous préciser sa manière de procéder au choix du produit: « *si cette personne a des affinités avec ces produits, si elle est intéressée* ». Pour Belk (2010, 2011), parmi les caractéristiques du don idéal, il y a l'objectif de faire plaisir au receveur. Dans l'exemple de Silvio, le consommateur ne choisit pas un produit que le receveur utilise déjà, toutefois il cherche des affinités entre receveur et produit choisi.

L'aspect de lien social est bien présent dans le cadeau, confirmant les recherches précédentes. Sandrine résume ce qui émerge dans d'autres entretiens :
« Quand on fait un cadeau comme ça... ça montre que les gens sont contents de faire plaisir quoi. On est content de faire plaisir en offrant, mais aussi en recevant. Quelque part ça montre l'attention des gens les uns pour les autres et l'attachement qu'ils ont les uns pour les autres ».

Ces résultats confirment que le lien social est un aspect important à la base du don interpersonnel (Antón, Camarero et Gil, 2013). Pour Sherry (1983) le don est vu comme un système cyclique d'échanges réciproques, tandis que Otnes (2018) et Marcoux (2009) considèrent la famille comme étant le cœur de l'économie du don.

Enfin, le don est utilisé comme volet social confirmant les travaux de Belk et Coon (1993) : les relations qui définissent les dons ont souvent un élément de service personnel (*self-serving*), car le donnant cherche à définir une relation dans une direction qui rencontre ses objectifs personnels. Patrick affirme :
« Donc le produit, la bouteille de vin, est l'introduction... d'une certaine façon c'est le cheval de Troie des relations sociales. Ils mettent dans le frigo la bouteille de vin puis ils nous disent : "Bah nous on est de Nantes et on a des muscadets qui sont très bons aussi". Donc ils vont nous offrir à leur tour des Muscadets ; et ça y est, la relation humaine démarre : "Qu'est-ce que vous faites dans la vie? Pourquoi êtes-vous là ", etc. ».

9.2 Le partage qui se réalise pour des produits et marques alimentaires

Le partage comporte des aspects similaires et différents par rapport aux cadeaux. Dans notre recherche, la différence principale avec les cadeaux est dans la nature des produits et marques qui circulent : les produits et marques qui sont partagés avec son réseau personnel sont alimentaires, tandis que pour les cadeaux on peut avoir aussi du non alimentaire (ex. plats, crèmes de beauté, vêtements). En effet, le partage de produits alimentaires est facilement réalisable lors des repas conviviaux ensemble. Estelle exprime le plaisir qu'elle a de partager de la nourriture provenant de Belle-Île, avec ses relations : « *Partager c'est un plaisir. Moi j'ai beaucoup de plaisir à manger certaines choses... et que je trouve plus exceptionnel... donc j'ai envie de faire partager cette exception aux gens avec qui j'ai un affect...*». De même Thomas, qui ramène des poulets fermiers d'Amiens pour sa consommation personnelle, aime partager ses produits lors des repas avec des amis : « *La dernière fois que j'ai eu un poulet comme ça que j'ai racheté, je l'ai fait goûter à des amis qui étaient venus manger à la maison, des amis qui habitent Lille, des amis assez proches dont elle est originaire de Roumanie* ». Pour le partage il s'agit de produits et marques achetés pour la consommation personnelle et familiale du consommateur et dont il fait profiter d'autres personnes, comme les amis et les membres loin de la famille, lors des invitations et des repas ensemble.

Par rapport aux produits et marques alimentaires que tous les membres de son réseau personnel peuvent facilement retrouver sur le lieu du partage, ceux provenant des lieux fréquentés habituellement par le consommateur qui les transporte comprennent en plus un partage d'expérience. Cette expérience de consommation permet de connaître des produits et marques considérés d'"exception" (Estelle) par le consommateur qui les propose. En outre, le partage et le don sont étroitement liés, dans le sens que le consommateur effectue la circulation de produits et marques provenant des lieux qu'il fréquente surtout selon ces deux modes. Le *verbatim* de Marie synthétise cette liaison et l'aspect expérientiel :

« Donc voyez, c'est à la fois par l'expérience qu'ils peuvent avoir quand ils viennent, par les objets qu'on ramène nous, et qu'on offre, où les objets ou les situations qu'on leur fait vivre chez nous –parce qu'on reproduit des choses : des soirées italiennes- donc tout ça en fait contribue à ce que, bah, finalement il y a une espèce de circulation de tous ces produits ».

L'entourage de Marie est influencé en continu par les modes différents de circulation de certains produits et marques.

9.3 L'échange comme étant un contre-don ou commande

Enfin, produits et marques circulent par l'échange. Or, les consommateurs nous parlent de l'échange selon deux pratiques. D'un côté le consommateur l'entend comme un échange de cadeaux lors des occasions de rencontre, comme Sandrine :
« Je pense que les gens aiment bien échanger de petites choses de leur région. Par exemple nous on a de la famille à Dijon, quand on les voit ils aiment bien nous donner de la moutarde (rire). Ce sont des cadeaux qu'on est sûr qui ferons plaisir aux gens, au-delà d'acheter des chocolats ou quelque chose de plus matérielle que ça. On est sûr de ne jamais décevoir des gens avec ce genre de cadeau ».

Selon la littérature sur les dons, ici on pourrait retrouver le concept de "contre-don" (Antón, Camarero et Gil, 2013). Si la littérature souligne un écart de temporalité entre don et contre-don, dans notre cas le contre-don (un produit ou marque) serait pourtant proposé au même temps du don (l'accueil chez soi pour une invitation, un repas, un séjour à titre gracieux) en raison de l'occasion de la rencontre. En ce sens, le comportement de nos interviewés confirme les résultats de Sherry (1983) qui considère le don comme étant un système cyclique d'échanges réciproques. Le don est un *relationship maker* (Ahuvia et Rauschnabel, 2013) caractérisé par la valeur de lien. La valeur de lien social est relative à l'échange interindividuel, à l'interaction sociale (Aurier, Evrard et N'Goala, 2004). Dans nos entretiens on retrouve aussi la valeur de rencontre. Cette valeur, qui n'est pas étudiée en marketing, est une valeur spécifique pour les personnes vivant géographiquement à distance (Urry, 2007). Elles peuvent bien avoir des échanges et interactions à distance (ex. par téléphone) et donc garder des liens sociaux. Toutefois, le moment de la rencontre physique a une valeur spécifique, il est attendu et célébré comme un rituel. Il s'agit d'un moment de coprésence, d'une proximité nécessaire aux liens nourris à distance.

Les liens dans un contexte virtuel intéressent le domaine de la communication et de la socialisation. La rencontre intéresse le marketing, car à la coprésence physique intermittente des consommateurs s'associent la présence de produits et marques apportés. La recherche du produit/marque, son transport physique et son stockage, ce sont des activités qui visent au moment de la rencontre physique. Ingrid dit : « *Je ramène ça, je peux le congeler aussi, et ça servira au moment où j'inviterai. C'est toujours comme ça* ». Alessia affirme : « *Quand quelqu'un de la famille ou des amis a une expérience de la vie à l'étranger, il est inévitable que lorsque vous vous rencontrez à nouveau vous parliez de vos propres expériences. Si spontanément, il y a ce désir d'apporter le produit dont j'ai tant parlé et je profite de cette occasion pour le proposer* ».

La deuxième pratique consiste à échanger contre paiement. Il s'agit de membres du réseau personnel du consommateur qui lui demandent d'acheter des produits et marques aimés pour ensuite payer l'équivalent du prix d'achat. Ce type de demande est lié au concept d'accès logistique et/ou de prix. Françoise habite en Suisse et se rend à Milan chez sa belle-mère deux fois par mois. Elle reçoit des commandes par des amies concernant des marques de luxe qui, sans la TVA, auront un prix plus intéressant qu'à Lugano : « *Je l'ai fait entre amies. J'allais acheter des sacs Vuitton d'une certaine valeur. Je les payais et ensuite elles me donnaient l'argent. Puis je les dédouanais et elles récupéraient...* ». Stéphanie qui se rend à Lanzarote périodiquement a reçu une commande pour acheter de l'aloe vera dans un magasin spécifique de l'île :
« *À Lanzarote il y a des producteurs d'aloe vera bio. À chaque fois qu'on y est allé, on avait coutume de ramener du gel d'aloe vera. Là, j'ai une copine qui m'a passé commande : " est-ce que tu peux t'arrêter à la maison d'aloe vera m'acheter des cachets à l'aloe vera ? "* ».

On rejoint ici le mode de circulation de l'échange de marché (Arnould et Rose, 2016), mais avec l'intermédiation du consommateur. Si le membre de son réseau personnel n'arrive pas à se rendre physiquement dans un lieu où on peut acheter un produit et marque, ou si dans un tel lieu l'achat revient moins cher, alors il peut passer commande à la personne qui s'y rend. Toutefois, cette commande ne se réalise pas si l'effort de transport demandé au médiateur est trop important. Patrick, qui reçoit des commandes de quelques bouteilles de vin Vouvray par des amis de Pornic, affirme que pour des quantités plus importantes les amis évitent de lui faire des commandes : « *Donc si par exemple une famille décide d'acheter, je ne sais pas...60 bouteilles, alors c'est vrai que 60 bouteilles c'est un peu délicat de demander à quelqu'un 60 bouteilles, 60 kilos dans la voiture...*».

9.4 Pratique ponctuelle ou répétitive

Un aspect qui émerge de nos résultats est la répétitivité ou pas des modes de circulation que nous avons présentés, ainsi que la répétitivité du même produit et marque.

Les produits et marques qui proviennent d'un autre territoire et qui circulent en forme de cadeau ponctuel ont un statut de cadeau-souvenir. Patricia témoigne de son expérience avec les cadeaux souvenirs pour ses relations familiales lors de différents voyages :

« Alors, une fois on est partis à Venise et on est passés à Padoue. J'ai acheté une espèce de chandelier pour ma famille au Liban, car je savais de leur faire plaisir ».

Q. : Dans quel magasin ?

« C'était dans un magasin de souvenirs. Sinon j'avais acheté aussi de petites assiettes décoratives de Murano, pour les frères et sœurs. Une fois en Espagne j'avais acheté aussi de petits objets décoratifs, pareil, dans un magasin de souvenirs. L'Irlande c'est pareil. Là par contre j'ai acheté un livre. En effet, ça dépend. S'il y a des anniversaires on va acheter quelque chose d'un autre lieu ça va être quelque chose d'original ».

Ces *verbatim* nous montrent trois aspects de ce type de circulation des produits (cadeaux-souvenirs). D'abord, elle se réalise surtout pour des produits non alimentaires. Bien que des produits alimentaires associés à la production et à la culture locale soient aussi utilisés comme cadeau-souvenir, nos répondants utilisent surtout des produits et marques non alimentaires pour faire un cadeau-souvenir. Ensuite, il s'agit de produits différents à chaque fois, et non pas du même produit ou marque. Cet aspect est lié à des fréquentations ponctuelles de certaines localités (une fois dans la vie ou rarement). Enfin, l'achat des cadeaux-souvenirs se réalise souvent dans des magasins de souvenirs.

Parfois, il s'agit de cadeaux-souvenirs provenant d'une localité visitée une seule fois pour les vacances et dont le cadeau-souvenir est seulement pour soi. Par exemple, Gabriel qui aimait faire des circuits de voyage ramenait toujours des produits typiques du lieu, comme un masque de Venise :
« On a ramené un masque de Venise. On ramenait toujours quelque chose de typique. En Russie on a fait un circuit en bus. Nous sommes partis de Bruxelles et par petites étapes on avançait 150 km par jour. On est passés par la Pologne et on est arrivés jusqu'à Moscou. Après on est revenu par les pays nordiques. On prenait toujours le temps de voir et de visiter ».

Le cadeau ponctuel est fait pour remercier une de ses relations d'un service, comme pour Gabriel qui a ramené une fois des cigares du sud de la France pour son voisin qui lui fait le gazon, ou Vanessa qui a ramené une fois des confitures du Touquet pour en faire cadeau à ses voisins qui lui ont pris le courrier : *« Aux voisins d'en face une fois. Comme ils savaient qu'on est allé au Touquet et qu'ils nous ont ramassé le courrier, j'ai ramené des confitures »*. D'autres fois, le cadeau ponctuel est fait pour un événement spécifique (ex. un anniversaire) ou pour remercier d'une invitation pour un repas ou si on loge chez une personne de la famille ou des amis temporairement. Nos interviewés soulignent par ces dons une forme de remerciement, comme l'affirme Michelle :

« Je rentre de Bretagne... Par exemple pour le miel. Comme il y a un gentil monsieur qui va veiller sur notre maison quand on est absent, on va lui ramener du miel. Alors, pourquoi. C'est une manière de le remercier avec un produit sympa qui vient d'une région où on est allés en vacances. Et sinon les biscuits... ce sont des biscuits qu'on apprécie, voilà. On ne va pas s'étendre sur ... sur la région, sur le pourquoi et le comment. Voilà. »

Donc, le don ponctuel a aussi une valeur de contre-don du temps dédié pour un service, ou de l'accueil pour une ou plusieurs nuitées, ou encore pour l'offre d'un repas. Il se réalise pour une obligation sociale. Comme le *verbatim* de Michelle le montre, ce don n'est pas forcément accompagné par des explications sur le produit. Si à ceci s'ajoute que le produit n'est pas toujours le même, on peut comprendre le bas impact d'influence sur le receveur. Vanessa répond à notre question sur la réaction de ses voisins ainsi : « *Ils étaient très contents. Mais si ça a avait été autre chose que les confitures, ils étaient contents aussi (rire)* ». Dans ce type de cadeau il n'y a pas un partage d'intérêt sur le produit ou marque entre donnant et receveur, mais il est surtout fonctionnel à matérialiser un remerciement pour un service reçu à titre gracieux.

Le partage aussi peut être ponctuel. Dans ce cas nos participants expliquent qu'il s'agit d'un partage de produits alimentaires, par exemple au retour d'un voyage touristique. Même quand le consommateur fréquente les mêmes localités régulièrement, il peut ramener des produits achetés dans ces localités ponctuellement, mais il s'agit de produits à chaque fois différents. Le produit n'étant pas toujours le même, la consommation ensemble a les caractéristiques d'un partage ponctuel. Par exemple, Estelle une fois par an va rendre visite à son fils au Vietnam. La dernière fois elle a ramené du thé spécial en forme de boules qui s'ouvrent en forme de fleurs une fois dans l'eau. Elle nous raconte : « *J'ai fait de petits sachets. On était invité chez des amis et j'ai fait un sachet pour chaque dame. Chaque femme avait un petit sachet avec des boules qui fleurit* ». Le partage du thé en fin du repas a été une expérience commune qui pourtant n'a pas été suivie d'autres fois. Dans ce cas, le partage ponctuel est similaire à celui d'un produit de type cadeau-souvenir avec un côté exotique plutôt que typique.

L'aspect commun qui émerge du don et du partage ponctuel est qu'ils ne changent pas la consommation habituelle du receveur. Il s'agit d'une expérience de consommation personnelle ou commune qui ne va pas se répéter périodiquement pour les mêmes produits et les mêmes marques. Si le consommateur fréquente une localité une fois dans sa vie, il ramène des produits et marques en cadeau et/ou partage qui sont offerts une seule fois. Si le consommateur fréquente des localités cycliquement et ramène des produits et marques qui changent à chaque fois, le receveur essaiera toujours des produits différents et son expérience sera ponctuelle.

Pourtant, le don et le partage peuvent avoir aussi un caractère répétitif. Ceci se produit si le consommateur continue à proposer en don et partage les mêmes produits et marques. De ce fait, le receveur est exposé périodiquement à certains produits et marques. Avant de répéter le don et le partage de certains produits et marques, le consommateur est attentif aux réactions du receveur.

C'est seulement quand le consommateur s'assure que le receveur montre une réaction d'intérêt pour l'objet du don/partage, qu'il continue dans la répétition du même produit ou marque. Il s'agit de produits et marques que le consommateur aime et apprécie et qu'il cherche à proposer aux receveurs selon leurs goûts. Sabine aime certains produits et marques de Belle-Île comme les conserves de poissons de la Belliloise, les biscuits de la Bien Nommée, les chocolats de la marque 'la Palantine' et le whisky de Kaerilis. Elle ramène toujours ces marques pour elle et pour en faire cadeau à ses relations amicales et familiales, en cherchant de faire rencontrer son choix de marque aux goûts des receveurs:

« Mon raisonnement c'est que ça dépend s'ils aiment bien ou pas. Ceux qui n'aiment pas le poisson, je ne vais pas rapporter la conserverie ; ceux qui ne mangent pas trop sucré, qui ont des problèmes de gluten et tout ça, je ne rapporte pas les biscuits ; et ceux qui ne boivent pas de whisky je ne rapporte pas du whisky (rire). C'est en fonction de leur goût. Quand je ne sais pas du tout, on les rapporte volontiers et tant pis s'ils ne mangent pas, il y aura quelqu'un qui les mangera (rire) ».

Ces résultats confirment les recherches précédentes sur le donneur qui préfère donner un cadeau qui fera plaisir au receveur (Durgee et Sego, 2001).

Parfois, le produit offert en cadeau ou partage ne rencontre pas l'intérêt ou les goûts du receveur, alors la circulation sur un tel produit ou marque s'arrête, même si le consommateur continue à l'utiliser.

« C'est juste que dans mon cas, il n'y a pas d'intérêt commercial, mais seulement de faire connaître et de partager ce que nous avons aimé, de le partager avec les autres. Parfois, le produit n'a pas le succès que nous espérions et bien... ».

Q. : Si "le produit n'a pas le succès" souhaité quel est votre comportement ?

« Non, je continue à l'utiliser... parfois je comprends que tout le monde n'apprécie pas ce produit... »

Q. : Et quand il est apprécié ?

« Eh bien, il y a une récompense personnelle pour l'introduction d'un produit que d'autres personnes ne connaissaient pas. Il y a un discours de bonus personnel ».

Quand le produit rencontre l'intérêt des receveurs, le consommateur en reçoit une sensation positive liée à l'introduction d'une nouveauté. Il s'ajoute une liaison d'intérêt de consommation sur des produits et marques qui deviennent appréciés par le consommateur et par certaines de ses relations sociales. L'innovation peut s'appliquer aussi à des produits banals et peut avoir trait aux produits et services, au procédé de production et au marketing (ex. une nouvelle méthode de distribution) (Forest, 2018). Donc, la nouveauté est liée à la perception du consommateur. Cette perception de la nouveauté pour le consommateur est influencée par la récence (l'évaluation subjective du temps depuis lequel elle est sur le marché), la novation (les différences entre un produit et les autres options présentes dans sa catégorie) et la rareté (l'impression qu'un produit est très peu présent à la vente) (Hart et Jacoby, 1973). Ici, il y a une évaluation de nouveauté qui n'est pas liée à sa rareté au sens général, mais son absence dans la distribution dans l'environnement de résidence du receveur du cadeau/partage, ou une méconnaissance du produit.

L'intention sous-jacente au cadeau et partage répétitif semble être la volonté de transmettre une culture, mais aussi se positionner comme original par son expérience locale, de connaisseur d'une certaine culture de consommation. Avec un cadeau-souvenir, on transmet un produit ou une marque qui peuvent être connus largement par les habitants non locaux et achetés dans plusieurs magasins de souvenirs. Au contraire, pour les produits et marques qui sont proposés par nos interviewés, il s'agit de transmettre une culture ou microculture qu'on connaît par rapport aux lieux fréquentés (même si le consommateur n'est pas originaire du lieu). Patrick nous explique sa satisfaction si ses relations s'intéressent au produit qu'il amène, et qui dérive de la capacité à transmettre une culture, à la faire circuler :

« Ça nous fait plaisir parce qu'on va se dire : " tiens on a transmis quelque chose ". Ça fait toujours plaisir de voir qu'on a transmis quelque chose à quelqu'un qui s'est intéressé. C'est un peu comme si... Si quand on fait un cadeau à quelqu'un qui

l'utilise. Il y a une continuité, on a fait durer quelque chose, on a transmis. Ça fait toujours plaisir. On a donné et on arrive à quelque chose ».

Si le consommateur apprécie un produit ou une marque qu'il ramène pour soi et pour son entourage, son implication communicative semble plus importante les premières fois, tandis qu'après, le receveur les connaît et le consommateur ne trouve plus utile de continuer à en parler. Par exemple, Gabriel qui ramène du muscat à ses voisins à chaque fois qu'il se rend dans le sud de la France, et qui a commencé à recevoir des commandes payantes, affirme : « *Oui, j'en parle un petit peu, mais comme c'est toujours la même chose... j'en ai parlé une fois ou deux au début, puis il n'y a pas davantage d'explications* ». Il semble s'instaurer une routine dans la commande et une fois que le receveur connaît le produit et la marque, le consommateur limite les informations, mais garde le rituel. Armelle nous a expliqué cet aspect :

« La première fois j'ai dit : " j'ai apporté du chocolat, je sais que vous aimez bien ça ". Je pense que les premières fois j'ai montré les chocolats au moment du café par exemple, après un repas. On arrive, on déjeune et puis la surprise. Maintenant comme ce n'est plus une surprise et que tout le monde est content de savoir que le chocolat est arrivé à la maison, c'est l'une de premières choses que je sors de la valise en disant : " ça sera pour le café ". Tout le monde trouve ça normal, même si ma maman dit encore : " Oh! Ma chérie, il ne fallait pas, il fallait garder tes sous pour toi, c'est beaucoup trop... ". Ma maman est adorable. C'est un rituel».

La littérature marketing s'était déjà appuyée sur les recherches anthropologiques et ethnographiques qui ont fait émerger l'importance de la consommation et des rituels pour définir les relations sociales (Douglas et Isherwood, 1996) : « *les rituels de consommation ce sont des marqueurs d'amitié. Le flux structuré de biens de consommation montrerait une carte de l'intégration sociale* » (Ibid., p. xxii). Dans notre cas, l'interviewée nous montre une espèce de jeu, de comédie liée au rituel du même produit (le chocolat artisanal d'une marque locale lilloise). Il s'agit d'un rituel accepté et attendu du réseau familial. La mère fait semblant de ne pas savoir que les chocolats arriveront comme cadeau par sa fille et fait semblant d'être surprise. Cette comédie jouée, nous l'avons retrouvée souvent lors de la circulation récurrente des produits.

Enfin, nos résultats montrent une stratégie sous-jacente du cadeau/partage répétitif : celle d'embarquer la relation dans un achat de marché, qui est pourtant médiatisé par le consommateur. Par exemple, Patrick agit d'une manière semblable aux techniques de vente. Il a commencé à faire goûter un produit pas trop cher ou pour "connaisseurs", comme si c'était un produit d'entrée de gamme, pour ensuite en proposer un plus sophistiqué et plus haut de gamme :

« Puis c'est intéressant, justement, petit à petit de transmettre cette culture. De dire " voilà qu'on vous a fait goûter quelque chose, mais il n'y a pas que ça ". Et là on va faire goûter du plus haut de gamme, des choses un peu plus sophistiquées, un peu plus ... vinifiées plus de manière un peu plus... comment dire... avec une recherche réelle de faire quelque chose d'un peu exceptionnel. Au début ce n'était pas du tout ce qu'on voulait, on ne voulait pas l'exceptionnel, on voulait que la bouteille soit plutôt la bouteille authentique, celle qui est dans la tête des gens du coin» (Patrick).

Estelle, de son côté, va parler des produits et marques qu'elle ramène cycliquement pour pousser à l'achat : « *c'est un peu comme exhausteur de goût. C'est pour donner aussi envie peut-être de communiquer l'envie d'aller acheter ce produit* ».

Nous interprétons ces stratégies non pas comme une simple invitation d'achat, mais plutôt comme une stratégie pour faire rentrer des personnes de son propre entourage dans la même culture de consommation, d'élargir les points en commun et les intérêts de consommation même entre membres éloignés géographiquement et culturellement, afin de développer cette culture de réseau de consommation. Dans ce sens, les produits et marques qui circulent ne sont pas seulement typiques, comme pourraient l'être des cadeaux-souvenirs grand public. Il s'agit de produits et marque, pas forcément de niche, qui parlent de la culture de consommation locale, qui sont consommés habituellement dans un tel lieu, qui sont produits de manière différente ou qui ont une histoire liée au lieu et à l'expérience des membres du réseau.

Par les discours de nos interviewés, le don ne serait pas en contraste ou un mode alternatif à l'échange de marché, comme affirmé par les chercheurs affiliés à la théorie sociale de Mauss. Il semble possible que le don répétitif puisse amener le receveur à devenir consommateur d'un tel produit et marque. Si on partage cette vision, on comprend qu'une différence qualitative existerait entre don ponctuel et don répétitif.

La répétition peut se bloquer à la première tentative de don ou partage, car le donneur comprend que « *Parfois, le produit n'a pas le succès que nous espérions et bien...* » (Silvio). Cet échec peut s'associer à des tensions sur la compréhension du cadeau de la part du receveur. Le discours de Laurianne synthétise ces enjeux : « *Parfois il passe comme un saucisson un peu basique tandis que c'était un saucisson qu'on avait ramené d'une petite...*».

Si on considère le don dans le réseau, il existe des différences qualitatives entre les receveurs d'un produit ou marque par le donneur. Il y a les "insensibles" qui restent indifférents, peu enthousiastes face à la proposition du produit ou marque, pour lesquels un autre produit aurait été pareil. Ensuite, il y a les "convertis" qui apprécient le produit ou la marque découverts et par leur comportement (ex. joie au moment de le recevoir ou intérêt exprimé par des questions) donnent un feu vert sous-entendu pour renouveler le don. Enfin, il y a les "adeptes" qui s'intéressent aussi à s'approvisionner du produit ou marque.

Selon nos participants, pour que l'on puisse avoir une répétitivité fréquente sur le même produit, il doit être consommable. Nous n'avons pas de *verbatim* ou vidéos sur des produits que l'on peut collectionner, bien qu'en principe il serait possible d'avoir des situations de circulation de tels produits, mais qui n'émergent pas par l'expérience de nos participants. Nos interviewés ont plusieurs fois expliqué la raison du choix d'un produit consommable pour éviter la saturation :

« J'ai envie de dire qu'il y a certains produits que je vais ramener une fois. Parce que ce ne sont pas des produits consommables. Je prends un exemple. Je prends l'exemple de Nice, car c'est le plus récent qui est arrivé. Là-bas ils font des torchons assez sympas avec des couleurs sympas, avec parfois des écritures qui rappellent le sud. Donc ça on l'achète une fois. Mais on ne va

pas le ramener à chaque fois sinon on se retrouve avec une trentaine de torchons. On le fait une fois. Par contre des produits consommables que l'on va manger ou boire, là à ce moment-là on sera susceptible de les rapporter régulièrement parce que justement ils sont consommables ».

Une perspective du don par sa ponctualité ou répétitivité.

Don ponctuel	Le produit /marque change à chaque fois Pas de liaison d'intérêt sur le produit/marque entre donnant et receveur Spécialement fonctionnel à une obligation sociale (ex. invitation chez soi), un événement spécifique (ex. anniversaire, Noël) ou cadeau-souvenir d'un voyage Peu ou pas d'implication communicative sur le produit/marque si lié à une obligation sociale ; Nature alimentaire ou non alimentaire
Don ponctuel de produits/marques provenant des lieux fréquentés cycliquement par le donneur	Le produit /marque changent à chaque fois Pas de liaison d'intérêt sur le produit/marque entre donnant et receveur Spécialement fonctionnel à une obligation sociale (ex. invitation chez soi), un événement spécifique (ex. anniversaire, Noël) ou cadeau-souvenir d'un voyage Peu ou pas d'implication communicative sur le produit/marque si lié à une obligation sociale Nature alimentaire ou non alimentaire

Don répétitif	Le produit/marque est le même, proposé plusieurs fois Le donnant prête attention aux signaux du receveur avant de renouveler la répétition Liaison d'intérêt sur le produit/marque entre donnant et receveur Spécialement lié à une transmission culturelle Implication communicative plus importante due à la médiation culturelle Nature consommable Tensions sur la compréhension du don de la part du receveur Possible stratégie qui amène à l'échange

Les modes de circulation qui émergent de notre recherche, c'est-à-dire le don et le partage ponctuel et répétitif, permettent l'intégration de produits et marques dans l'entourage du consommateur, grâce au passage d'un consommateur (donneur ou acheteur médiateur) à l'autre (receveur ou commanditaire).

10. ENTREPRISES ET CONSOMMATEURS : L'OPPORTUNITÉ PERDUE DE LA COCRÉATION

Nos résultats montrent que le phénomène de la circulation de produits et marques se base surtout sur les consommateurs. Les entreprises ont un rôle qui est parfois marginalisé et cela est dû aussi à une segmentation de la clientèle qui ne considère pas ce type de comportement. Cette partie nous aide dans la compréhension de la circulation en mettant en perspective la vision du consommateur et celle des entreprises.

Acheter, transporter et/ou envoyer, informer, distribuer ou partager : voici les activités communes qui émergent par les entretiens de nos participants et par les vidéos qu'ils ont réalisées. Le passage post-achat d'une personne à l'autre par le don et le partage, a un caractère spécifique dans le phénomène étudié : le consommateur n'a pas seulement un rôle informatif, mais aussi logistique et d'essai.

Pourtant, les autres membres qui s'appuient sur le rôle logistique de ce consommateur faisant partie de leur réseau personnel déclarent une résistance à rentrer en contact direct avec l'entreprise ou un de ses distributeurs. De même, le consommateur qui transporte les produits et marques d'un lieu à l'autre exprime sa résistance à commander à distance. Nous allons approfondir cet aspect qui demeure important pour la poursuite de la circulation. En effet, les entretiens font émerger un ralentissement dans la circulation de produits et marques si le consommateur qui les transporte change ses habitudes de voyages en termes de fréquences et moyen de transport. Ceci impacte la consommation du receveur. Gabriel nous en parle à propos du changement du moyen de transport pour se rendre dans le sud de la France :

« Par contre notre voisin, quand on descendait en voiture, il avait beaucoup aimé le muscat et il nous demandait de ramener les petits cartons de muscat. Après on ne l'a plus fait. Quand on a la possibilité, que notre fille y va, on lui demande d'en ramener plus, mais uniquement quand elle est en voiture ».

Pour Gabriel, le changement de la voiture au train a porté un changement dans l'engagement logistique et de consommation, car avant : « *On avait de plus grands volumes d'achat* ». Que ce soit pour soi ou pour les autres, le ralentissement de la circulation change la consommation. Gabriel et le receveur de la commande pourraient continuer leur consommation grâce à des commandes à distance. Toutefois, il y a une résistance à s'appuyer sur ce type de canal de distribution.

10.1 La résistance à la compensation des canaux

L'achat à distance de la part du consommateur ou du receveur rencontre une résistance. Celle-ci est dépendante de quatre motivations déclarées : les frais de livraison, le sens d'authenticité, l'expérience du parcours de consommation et le statut implicite du consommateur qui gère la logistique, reconnu dans la relation.

D'abord, il existe certains producteurs ou distributeurs de petites tailles (ex. vente dans les marchés) qui n'offrent pas un service de livraison. Le consommateur normalement connaît cet aspect, comme Stéphanie : « *Non, souvent les vendeurs de produits locaux n'ont pas les mêmes moyens pour faire des expéditions ou se faire connaître par internet* ». Toutefois, même de petits magasins (des fromagers, des charcutiers, des vendeurs de savons), et des producteurs (des apiculteurs, des viticulteurs) proposent la livraison, mais avec des prix qui sont perçus élevés par le consommateur.

Les frais de livraison constituent le premier frein à l'achat à distance. Plusieurs expressions soulignent ce qui est perçu comme un frein : « *le fromager nous l'a proposé, mais on ne l'a pas fait encore parce qu'on trouvait que les frais de livraison étaient très chers, donc on n'y a jamais pensé* » (Claire) ; « *Il faut arriver à une commande assez importante pour avoir le transport gratuit, donc ça ne nous intéresse pas tellement* » (Gabriel) ; « *Ils sont donc bien préparés à expédier, mais avec des prix ordinaires et non des prix de ceux qui utilisent ce service d'une manière bien organisée et qui a une réduction sur l'expédition qui est un coût qui affecte beaucoup la dépense totale* » (Vittorio).

Parfois, le consommateur évite d'acheter à distance par rapport à une méfiance sur son authenticité. Gilles exprime cette incrédulité par rapport aux sites internet :

« Il y a des sites internet, mais souvent on n'y croit pas. La seule vraie vérité c'est lorsqu'on le voit, on le touche et je connais la personne. Dans le même produit si on n'est pas sur place et on n'achète pas dans tel ou tel magasin, on n'est pas sûr que... et j'ai toujours un doute : " est-ce que c'est le vrai bon produit"».

La littérature sur les motivations de la résistance du consommateur à utiliser internet pour les achats s'est généralement appuyée sur un discours de résistance à l'innovation (Molesworth et Suortti, 2001) due à des barrières fonctionnelles (si le produit est considéré comme non pertinent pour le consommateur) et psychologiques (si l'innovation contraste avec les valeurs ou normes sociales du consommateur) (Talke et Hidenreich, 2014). D'autres recherches ont traité la résistance du consommateur à acheter par des canaux de distribution à distance comme internet, suivant le concept de "confiance" et de risque perçu. Pour le commerce électronique, le risque perçu peut être surtout financier, de performance et psychologique (Mitchell et Harris, 2005). Nos résultats confirment que le manque de confiance influence la résistance du consommateur à recourir à ce canal de distribution. Pourtant, son discours se centre sur les aspects qui sont présentés dans cette partie, dont le coût de livraison et la crainte de l'authenticité du produit. Ce qui semble être enlevé par l'achat à distance est aussi une forme de secret confidentiel dans le réseau qui permet une distinction du sous-réseau qualitatif (le cercle de la consommation confidentielle), mais aussi avec la masse de touristes.

Le consommateur qui se rend directement dans le magasin physique semble avoir pour soi et pour les autres une fonction de "garant de l'authenticité" du produit grâce à son témoignage. Stéphanie souligne le fait d'avoir une preuve : « *C'est un produit où la fabrication est locale. Peut-être on peut voir... on a une preuve que le producteur est vraiment... du coin. À Majorque il y a les salines, on voit, on peut acheter directement la production. On a vraiment une preuve* ». Lors d'un séjour habituel à Lanzarote, Stéphanie a reçu la commande d'une amie pour acheter de l'aloe vera dans un certain magasin. Elle explique :

« La chose rigolote c'est qu'ils ont un site internet. Même dans le magasin ils m'ont dit : " votre ami peut commander quand elle veut, nous avons un site internet". Mais elle m'a dit : " non, je préfère que ce soit toi, pour être sûre que ce soit la même référence". Elle a préféré me le demander plutôt que passer commande sur internet, alors, qu'il y avait trois euros de frais de port... c'était raisonnable ».

Un frein ultérieur à l'achat à distance est celui du manque de l'expérience du parcours de consommation dans le contexte local. Par exemple, Armelle souligne l'importance du contexte : « *il y a un contexte-cadre. Déjà ici ils n'ont pas le même goût. Je suis déçue à chaque fois que j'ouvre mon jambon Kintoa ici. Il n'a plus le même goût, il n'y a pas le même contexte. Du coup je n'ai pas envie de commander à distance dès que je suis chez moi* ». Par le discours de Pascale, on a un accent plus axé sur le parcours de magasinage :

« Non, parce que justement c'est le plaisir d'aller le chercher au magasin. Ce n'est pas le produit en soi... comment dire... ce n'est pas forcément l'achat du produit en soi, mais c'est le fait d'y aller, de rencontrer les gens. C'est ça qui fait que le produit prend toute son importance. C'est-à-dire que... je prends un exemple. Quand on va à Nice et qu'on va dans telle boutique pour acheter le savon, quand on ramène le savon ici et qu'on l'utilise ici et bien... Je ne veux pas peut-être exagérer, mais moi quand je vais utiliser le savon je vais me souvenir du parcours que j'ai eu à Nice pour aller le chercher. Voilà c'est plus qu'un produit».

Le souvenir de l'expérience de magasinage permet au consommateur d'entretenir la relation à l'enseigne (Flacandji et Krey, 2020). Nos consommateurs font émerger aussi que cette expérience impacte un possible achat à distance. Les comportements dans un magasin physique sont différents de ceux en ligne et les achats en ligne ont en commun des motivations hédoniques ou utilitaires. Nos participants semblent associer la motivation hédonique plutôt à l'achat dans le magasin physique qu'en ligne, tandis que l'aspect utilitaire (consommer le produit/marque en dehors des périodes de fréquentation du magasin physique) n'est pas aussi fort pour recourir à l'achat en ligne. Les travaux de Michaud-Trévinal (2011) mettent en évidence que pour les espaces commerciaux physiques et virtuels le consommateur construit son expérience du lieu et il en retire une valeur. Par nos entretiens, il émerge une différence importante entre les deux types d'expérience, où l'un influence la résistance à l'autre. La résistance du consommateur n'est pas étudiée par rapport à la dissonance entre deux propositions de valeur de la part de l'entreprise. Pourtant, il nous semble que l'on pourrait parler de résistance. La résistance peut être une stratégie individuelle d'appropriation en réponse à des structures dominantes et à des discours jugés dissonants (Roux, 2009). Pour avoir une résistance, il faut un élément déclencheur, de dissonance, auquel le consommateur va réagir en adoptant des actes, mais le consommateur peut avoir une perspective sans intentionnalité de mettre en défaite la cible de ses actions (Roux, 2009). Pour ces consommateurs, la résistance à intégrer une ressource offerte par l'entreprise, comme la livraison, n'est pas simplement un choix personnel, variable selon les préférences individuelles. L'aspect commun qui émerge est un refus, même si temporaire, à utiliser la livraison, car elle est en dissonance avec l'expérience de magasinage et une certaine relation à la marque ou à l'entreprise locale. De plus, si le produit ou marque passe par un mode conventionnel, il semble y être une perte de valeur que nous interprétons comme étant une volonté de maintien des valeurs de la microculture de consommation confidentielle, qui sont liées à l'authenticité par la preuve de la provenance (pas seulement géographique, mais aussi du magasin) grâce à l'achat sur place (ex. l'aloe vera pour l'amie de Stéphanie; les produits libanais pour Gilles) et la relation sociale directe d'un membre du réseau avec le producteur (ex. le vin que Claude achète par son ami Stefano au lieu d'un achat direct). Il ne s'agit pas de mettre en difficulté l'entreprise ou en défaite le système de livraison. Il s'agit d'une perspective sans intentionnalité et individuelle, non revendicative, ni associative.

Enfin, le troisième frein qui émerge est lié à un approvisionnement qui est fait par une relation du réseau personnel du consommateur. Dans ce cas, la personne qui réalise le transport ou qui achète à distance revêt un statut informel de gestion logistique, relationnelle et symbolique, et ce statut est reconnu par le consommateur. Que ce soit pour opportunisme (ex. connaissance de la langue pour la transaction commerciale) ou pour éviter de déranger la relation commerciale entre cette personne et le vendeur, le consommateur ne rentre pas dans une relation commerciale directe à distance avec le vendeur pour se substituer à la personne qui en a toujours géré la relation. Cette situation peut être résumée par le discours de Claude :

« Ce produit italien qui est du prosecco on l'a découvert avec notre ami Stefano et c'était une expérience qui nous a plu. Il nous

a laissé un souvenir. Donc le produit maintenant on le commande par son biais. Pour un problème de langue tout simplement. En sachant que ce produit je le pourrais commander directement, mais qu'on continue à fidéliser une relation que Stefano a entretenue ».

Donc, la livraison pourrait détruire des rôles informels dans le réseau et faire perdre les activités liées à la microculture de consommation du réseau.

10.2 Une segmentation myope

Les consommateurs sont conscients que parfois les petites et moyennes entreprises ne connaissent pas le comportement des consommateurs envers la circulation des produits et marques. Patrick par exemple affirme :

« Parce que finalement je sens qu'il y a peut-être des choses à faire au niveau des produits, du marketing, d'organiser toutes ces petites structures parce que ces gens-là ne le savent même pas. Je n'en ai jamais parlé à mon copain viticulteur par exemple. Je n'ai jamais parlé de ça. Si je lui raconte ça, il me regarde avec des yeux... " Qu'est-ce que tu me racontes, quoi". Mais alors si moi je le fais, d'autres le font. Je pense qu'il doit y en avoir beaucoup qui ne sont pas différents, donc j'imagine que cette problématique-là, elle est très large, très ... et pas du tout exploitée. Il n'y a pas de support, voilà. Chacun fait un peu comme il peut et ... alors c'est peut-être bien aussi ».

Nos entretiens avec des responsables marketing et ventes de trois entreprises nous permettent de mettre en perspective leur perception du phénomène. Nous retrouvons des aspects communs vis-à-vis de la connaissance et segmentation de leur clientèle. D'abord, il émerge que les processus de circulation de produits et marques entre consommateurs sont peu connus par les entreprises. Elles tendent à segmenter ou considérer les clients qui habitent hors de la ville d'implantation du magasin comme des touristes. Toutefois, comme nous l'avons présenté auparavant, nos interviewés ne se sentent pas touristes, et pourtant ils rentrent dans une segmentation touristique. Elisa, responsable marketing stratégique d'un *multistore,* affirme que :

« Nous en avons deux types. L'un est le client d'affaires qui est à Milan pour le travail et vient chez nous pour acheter un cadeau ou... si vous êtes dans le centre de Milano entrer chez nous juste pour boire un café et dire "bon, je vais chez...". Et puis il y a la partie touristique. Il y a une forte partie touristique surtout à Milan, Rome, Florence et ensuite Turin ».

Toutefois, juste un peu plus de la moitié de leurs clients avec carte de fidélité vit en ville et aux alentours. Cela signifie qu'une large partie de leur clientèle avec carte de fidélité est traitée comme des touristes. Au contraire, nous avons montré dans le premier paragraphe de ce chapitre que nos participants ne se sentent pas des touristes. Bien qu'ils puissent fréquenter, pendant les fins de semaine ou les vacances, des lieux plus ou moins loin où habitent des amis et de la famille, il y a une différence qualitative culturelle entre un touriste et un consommateur avec ce type de mobilité. Nos participants disent de sentir une appartenance à ce contexte local et social différent, d'avoir une connaissance de la culture de consommation locale qui échappe aux touristes.

Ensuite, les entreprises méconnaissent le rôle logistique des consommateurs. Les grandes entreprises n'analysent que des quantités importantes achetées par les clients, tandis que les petites entreprises s'intéressent plutôt au bouche-à-oreille sous-estimant l'engagement logistique des clients. Etienne, gérant d'une brasserie, nous explique :

« Ce n'est pas un achat que pour eux. Il y a une phase où le client aime le produit et il va le partager avec son entourage. C'est ça que nous cherchons, c'est ce qui est le plus intéressant pour nous parce qu'il nous fait connaître. Une petite entreprise, si elle fait de bons produits, elle se fait connaître parce qu'on en parle. Pas par la communication. On se fait écraser, car il y a des géants qui sont là. Il y a des personnes qui s'occupent de la communication dans les grandes entreprises et nous on ne peut pas s'imposer. Donc il faut s'imposer par le bouche-à-oreille et se faire connaître de cette façon- là ».

Avec un support de la part de l'entreprise, par exemple en termes de frais de livraisons perçues comme plus accessibles, certains consommateurs pourraient être intégrés dans un système de cocréation. Patrick affirme :

« Je pense qu'on pourrait diffuser plus de produits. Parce que quand même dans une voiture... moi comme je transporte souvent du matériel de bricolage, je n'ai pas trop envie de rajouter des kilos et des kilos. Donc ce serait super pratique. On pourrait en diffuser plus, plus facilement. Et finalement sans le savoir, je ferais du commercial pour eux (rire). Pour des gens qui vendent des produits et qui n'ont pas de structure commerciale ».

Par ce *verbatim*, le consommateur confirme les travaux de Cova et Dalli (2009) sur le consommateur travailleur. Pourtant, le consommateur est loin de se sentir exploité (Cova et Dalli, 2009), mais au contraire, se porte volontaire dans la collaboration avec l'entreprise. La participation autodirigée logistique du consommateur est connue dans la littérature pour certaines activités dans le magasin (ex. *self-scanning*) ou en dehors (ex. assemblage simple des produits). Toutefois, selon les recherches précédentes, ces activités sont animées par des motivations extrinsèques (Bonnemaizon *et al.*, 2012), tandis que nos consommateurs montrent des motivations intrinsèques pour leur participation dans la distribution (logistique) et la promotion de produits et marques.

11. MODES DE CIRCULATION ET ENGAGEMENT COMPORTEMENTAL

Nos résultats montrent donc aussi l'émergence de deux dimensions du processus de circulation de produits et marques, qui s'ajoutent à celle de l'accès : les modes de circulation et l'engagement comportemental du consommateur.

Au sujet des modes de circulation, nous avons présenté le don, le partage et l'échange selon une perspective différente de celle de la littérature. Nos résultats font émerger une distinction du don et du partage basée sur la répétition ou pas de la pratique. Le don ponctuel s'apparente au cadeau-souvenir qui ne change pas les habitudes de consommation. Le cadeau répétitif permet au receveur d'introduire cette consommation cycliquement dans ses habitudes. Par la répétition du cadeau, le consommateur, volontairement ou pas, peut amener le receveur dans un achat de marché, mais généralement médiatisé par sa relation. Il y aurait donc une relation différente entre le don et l'échange de marché

: le don répétitif ne serait pas alternatif, mais une stratégie possible qui amène à l'échange de marché.

Concernant la dimension de l'engagement comportemental du consommateur, nos résultats en présentent trois types : informatif, logistique et d'essai. Celui informatif est inversement proportionnel à la connaissance du produit/marque de la part du receveur. Celui logistique se réalise par le transport personnel, par l'envoi postal et par la collecte des produits qui sont ensuite distribués. Ces engagements montrent trois rôles des consommateurs : médiateur culturel, passeur et point-relais.

Enfin, nous soulignons que les entreprises sous-évaluent le comportement de ce type de consommateur et le segmentent comme un touriste, tandis que les consommateurs- donneurs et les receveurs ont généralement une résistance à utiliser le canal d'achat à distance à cause des frais de livraison, d'une perception de risque sur l'authenticité du produit, et d'une expérience du parcours de consommation qui est plus hédonique pour l'achat auprès du distributeur physique.

12. LES TROIS PHASES DU PROCESSUS DE CIRCULATION ET SES DIMENSIONS

La présentation de la première partie de nos résultats permet de répondre à la première sous-question de recherche concernant le processus de circulation et ses dimensions.

Processus de circulation de produits et marques dans un réseau de consommateurs.

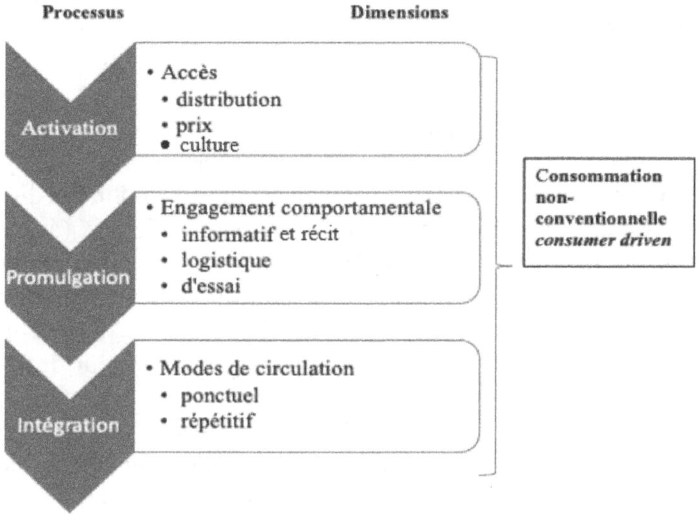

Nous constatons que la circulation s'organise autour de trois dimensions principales : l'accès, les modes de circulation et l'engagement comportemental. Elles font partie d'un processus en trois phases : l'activation, la promulgation et l'intégration. L'activation est la décision du consommateur de démarrer la circulation d'un produit ou marque dans son réseau. Cela est dépendant de l'accès ou pas du produit/marque visé en termes de distribution, de prix et de culture ou microculture de consommation. Si la promulgation et l'intégration sont répétitives, il s'agit de produits et marques aimés et perçus comme étant différents par le cercle qualitatif du réseau de consommation confidentielle. Mais il peut s'agir aussi de produits et marques type les cadeaux-souvenirs, avec qui le consommateur n'est pas forcément attaché et dont la circulation s'active seulement parce qu'ils ne sont pas distribués autour du receveur. Dans ce cas, le consommateur partage son expérience temporaire de vie et de consommation différente avec les autres membres de son réseau. Ensuite, il y a la promulgation du produit/marque dans son réseau. Elle se réalise grâce à l'engagement comportemental (informatif et de récit, logistique et d'essai) qui permet la mise en œuvre de la circulation. Enfin, il y a l'intégration du produit/marque dans le réseau, c'est-à-dire le passage à d'autres membres du réseau personnel du consommateur par trois modes de circulation (don, partage, échange).

Ces résultats pourraient être synthétisés, selon une conceptualisation plus abstraite, autour du concept de "voyage" du produit et de la marque. Le voyage permet de réduire la distance physique (accès à la distribution), la distance de prix (accès à la consommation), la distance de confiance (accès à l'authentique), la distance culturelle (accès à la culture de consommation du produit/marque), la distance de l'expérience (souvenir de l'expérience du contexte, du magasinage). La valeur de l'accès vient de l'énergie qui est mise en place par les consommateurs selon des degrés et des rôles différents. Des motivations intrinsèques font participer certains membres du réseau dans la perpétuation de ce voyage. Il nous semble qu'il s'agit d'un mode de vie qui essaie de voyager, d'une culture de consommation qui circule d'un lieu à l'autre. Cette culture de consommation n'est pas seulement liée au type de produit en soi. Il s'agit parfois d'une manière de le produire, ou d'un sens qui est donné à une marque territoriale (locale ou nationale). Le voyage se distingue d'une simple livraison qui réduit seulement la distance géographique du lieu d'achat. Le voyage du produit/marque devient le nœud central qualitatif pour comprendre un réseau de consommateurs.

CHAPITRE 4 : MODIFICATIONS DU RÉSEAU PAR LES DYNAMIQUES DE CIRCULATION DE PRODUITS ET MARQUES

Dans ce chapitre nous montrons d'abord la modification qualitative sociale du réseau personnel. Nous présentons la création des sous-réseaux par la circulation de produits et marques selon le concept de "voyage", pour ensuite proposer une compréhension de la circulation de produits et marques à partir des éléments qui s'associent différemment et composent des dynamiques de circulation. L'analyse des différentes trajectoires de circulation de produits et marques, ainsi que leurs circuits dans le réseau personnel, nous a permis de faire émerger similitudes et différences. Les dynamiques de circulation ne sont pas liées à la distance géographique, car nous retrouvons de mêmes dynamiques sur des itinéraires de circulation courts et longs. Nous présentons les dynamiques de circulation qui sont liées aux dimensions de la circulation. La circulation et ses dynamiques agissent sur la modification qualitative sociale du réseau personnel, ainsi que sur les activités de consommation.

Dans un deuxième temps, nous présentons les résultats sur la modification du réseau personnel au niveau des activités de consommation par les dynamiques de circulation. D'abord, quatre types de réseau de consommateurs émergent. Elles ne sont pas fixes, mais peuvent évoluer en fonction des dynamiques de la circulation. Enfin, nous traitons de la possible dissolution d'un type de réseau et de sa possible transformation en un autre type de réseau de consommateurs.

1. LE "VOYAGE" DU PRODUIT/MARQUE QUI CRÉE DES SOUS- RÉSEAUX

Notre attention porte sur les produits et marques qui circulent. Nous rentrons dans une présentation des résultats qui a trait avec cette perspective. Notre analyse a touché les trajectoires géographiques de produits et marques ainsi que leurs circuits qualitatifs dans le réseau.

Notre approche, par l'objet de la circulation, nous a permis de tracer les itinéraires des produits et marques. Dans cette partie dédiée à la cartographie des trajectoires, nous montrons leurs itinéraires géographiques du point d'achat au point de consommation.

En effet, ce n'est pas la direction ou la distance de l'itinéraire physique des produits et marques à modifier le réseau. Par la comparaison des diverses trajectoires, nous avons repéré que l'on pouvait avoir des modifications du réseau de consommateurs du moment où il y avait des éléments des dimensions de la circulation qui s'associaient différemment entre eux. Nous avons donc séparé les produits, pas seulement en fonction de leur itinéraire. Par exemple, pour notre premier consommateur interviewé (B1) nous retrouvons des produits consommables, alimentaires ou de beauté, qui sont achetés à Londres et consommés à Milan. Toutefois, nous les avons séparés dans le tableau à cause d'autres éléments variables qui ont été observés et qui influencent la manière de circuler et ensuite le réseau. Les produits et marques ont été suivis aussi de manière qualitative dans le réseau personnel du consommateur. Si le réseau personnel du consommateur peut être présenté par ses nœuds localisés géographiquement et par les liens, la circulation de produits et marques nous montre des circuits qualitatifs que nous exposons grâce à un cas explicatif, des circuits qualitatifs dans un réseau, par la reconstruction de l'histoire de circulation d'une marque (la Belliloise) dans un réseau personnel d'une interviewée.

1.1 Le cas de la Belliloise

La Belliloise est le nom d'une conserverie de poissons à Belle-Île-en-Mer, en Bretagne. Dans les années 1960, la conserverie ouvre son propre magasin pour la vente directe, en passant du seul métier de fabricant à celui aussi de distributeur. Aujourd'hui c'est la marque d'une gamme de produits de poissonneries et l'enseigne de cinquante magasins en France. L'entreprise réalise aussi la vente à distance par internet[11].

[11] https://www.labelleiloise.fr/fr/information/notre-histoire-2

Parmi nos participants il y a Sabine qui nous raconte la circulation des produits de la Belliloise dans son réseau personnel:
« *Alors il y a un grand trafic entre Belle-Île et j'apporte systématiquement, deux, trois produits emblématiques. Alors, ils sont plus ou moins d'ici, mais disons qu'ils ont le nom : c'est les produits de la Belliloise... À l'origine c'était des sardines, maintenant c'est tout un tas de petits produits à base de mer et ils ont un marketing absolument top... donc on ramène ces petits produits. Il y en a beaucoup, ils ont énormément diversifié. Ils ont un packaging complètement parfait qui plaît beaucoup et nous on est contents parce que on l'achète ici et on le ramène. Et même à Belle-Île, entre nous, on se rapporte des choses du lieu. On se rapporte par exemple les produits de la Belliloise – la conserverie –, les produits de la Bien Nommée qui est une biscuiterie qui est ici. La Belliloise est passée sur le continent, à Quiberon, juste en face* ».

Sabine offre les produits de cette marque soit à des locaux soit à des amis de sa résidence principale. Pourtant, elle affirme que si les amis à Belle-Île connaissent la marque, ce n'est pas le cas pour les amis dans d'autres lieux, car pour « *la Belliloise ils pensent que ça ne se fait que là, ils n'ont pas encore goûté ailleurs. Oui, il y en a qui me demandent* ». Les produits de la Belliloise circulent dans le sous-réseau de consommation ordinaire de Sabine, celui des amis à Belle-Île. Dans ce sous-réseau de consommation ordinaire, la marque est connue et l'engagement du consommateur n'est pas nécessaire pour permettre un accès à la marque. Par contre, avec des amis qui ne connaissent pas cette marque, cette consommation devient confidentielle, une expression de l'expérience du consommateur dans le lieu et de son attachement au lieu. En effet, Sabine sait bien que la conserverie de la Belliloise est diffusée (« *la Belliloise, toute la conserverie, on l'a absolument partout dans toute la Bretagne. Je ne sais pas s'il y en a à Paris d'ailleurs... donc... peut-être à Lille* ») et qui fait des livraisons à domicile, mais elle garde la gestion de la circulation des produits de cette marque avec les amis qui ne font pas encore partie de son univers de consommation plus personnel, symbolique, expérientiel. C'est dans ce sens que Sabine explique le terme qu'elle a utilisé auparavant de « *produits emblématiques* » :

« Je trouve que c'est plus... emblématique d'où je suis, c'est plus sympa pour offrir, oui. Mais la Belliloise par exemple, les produits sont diffusés, mais franchement ils sont bons, et puis c'est le nom, il y a le nom : Belle-Île. Donc tant pis, je passe sur la diffusion, à cause du nom, mais la qualité des produits est importante. Parce que je ne vais pas offrir des trucs merdiques uniquement parce que c'est fait à Belle-Île (rire) ».

Sabine fréquente Belle-Île depuis sa jeunesse avec ses parents. Il ne s'agit pas d'une expérience de passage, comme celle touristique, bien qu'elle pourrait apporter des produits de la Belliloise comme des cadeaux-souvenirs ponctuellement à une relation. Elle n'est pas non plus de Belle-Île, ni de naissance ni d'origine. Mais les produits qu'elle fait circuler, comme ceux de la Belliloise, parlent d'où elle est. Quand la marque est diffusée et plus accessible (ex. en magasin, par internet), le côté emblématique perd sa valeur complète, mais il reste l'appui de la qualité et aussi de la provenance. Quand Sabine ramène des produits de la Belliloise qui ne sont pas encore connus par les receveurs, elle leur explique le produit. Elle nous partage la réaction des receveurs : « *Belle-Île a une renommée... très positive. Alors ils disent "ah !!! Belle-Île, tu vas à Belle-Île !", même ceux qui connaissent, et donc ils apprécient, ils apprécient beaucoup. Et donc j'explique, oui j'explique* ». Nous n'avons pas exploré ces réactions par une approche cognitive, mais la réaction des receveurs face à une marque inconnue semblerait confirmer les recherches qui affirment que quand la marque n'est pas connue, le pays associé à la marque a un effet direct sur l'évaluation du produit (Odou, 2005).

Les circuits qualitatifs de la circulation selon la source de connaissance du produit/marque.

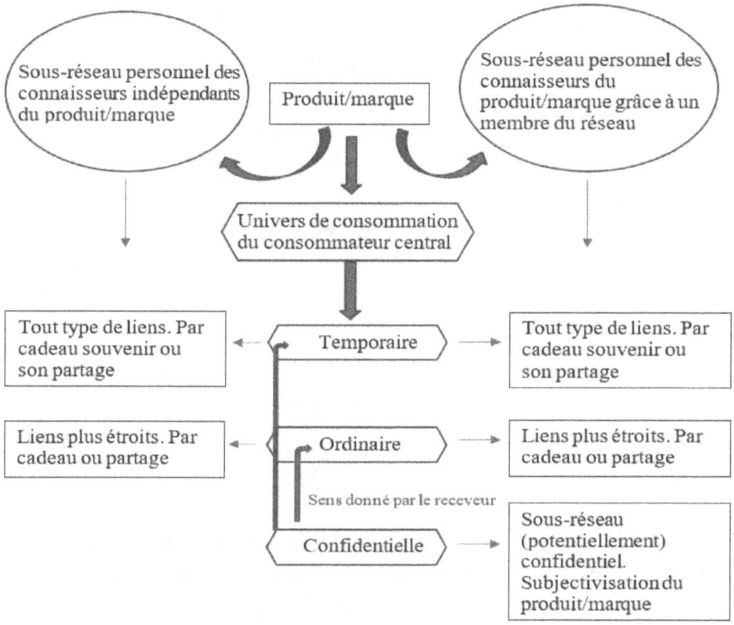

Le produit ou marque de l'univers de consommation confidentielle peut circuler selon un sens qui change dans le réseau. Ceux qui le reçoivent peuvent leur donner un sens différent par rapport à ce que représente par le consommateur qui le fait circuler. La culture de consommation confidentielle n'est pas accessible à tout le réseau.

La dichotomie du sens donné au produit/marque qui circule dans le réseau.

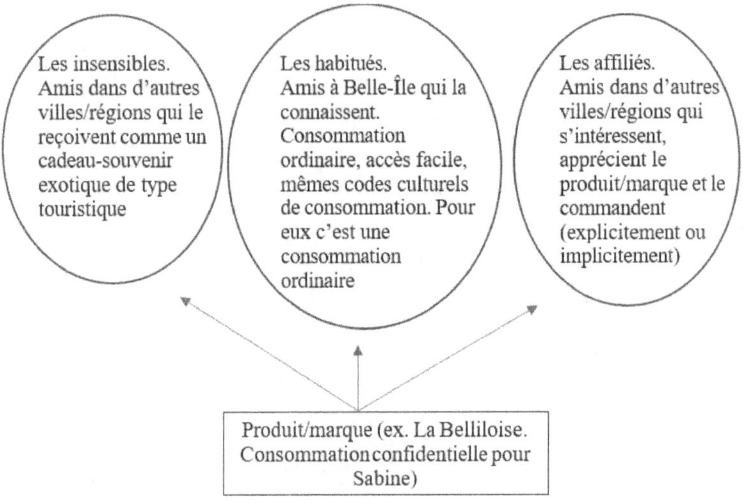

Par l'autovidéographie centrée sur l'objet, Sabine nous montre la consigne des produits de la Belliloise à une amie à Rennes, sa ville de résidence. Cette vidéographie s'accompagne d'un dialogue où Sabine souligne la provenance de ces produits de marque de Belle-Île, bien que l'amie affirme que la Belliloise on trouve les magasins de cette marque un peu partout. Par ces éléments, nous faisons émerger une singularisation qui est donnée au produit ou marque et que le consommateur cherche à faire comprendre à son entourage, qu'ils le connaissent ou pas. Les produits de la Belliloise livrés à domicile sont anonymes, une boîte vaut l'autre. Elle est égale à une autre au niveau du sens donné. Pourtant, la circulation permet au produit ou marque d'assumer une valeur de singularisation qu'il n'aurait pas par une simple livraison. Ce n'est pas seulement un produit ou marque, mais celui qui a été acheté dans un certain endroit, choisi, transporté ou envoyé par une autre personne, et qui a été accompagné (au début de la circulation dans le réseau) par des explications et souvent un récit qui sollicite l'imaginaire du receveur. Par rapport à la littérature qui propose divers processus qui examinent la matérialité par le rôle des objets dans la vie des consommateurs, notre recherche fait émerger un aspect complémentaire, celui de l'"emboîtement" pendant son voyage. Géré par le processus de circulation, le rôle des objets (produits ou marques) est différent des autres qui sont proposés par la littérature marketing. Le voyage matérialise une expérience des lieux, des étapes, des efforts, des imprévus, des astuces que le consommateur fait vivre aux produits et marques qu'il fait circuler. Il s'agit d'un voyage du produit ou marque qui accumule de la valeur, pas seulement par des actions des consommateurs (transvaluation), ou par des rituels (totémisation) que l'on pourrait avoir pour n'importe quels produits et marques de la même microculture de consommation (ex. consommation locale). Ce voyage crée l'histoire du produit et marque qui circulent. Ce n'est pas une histoire créée par l'entreprise, mais par la circulation. C'est cette dimension symbolique et culturelle qui distingue la circulation de la diffusion conduite par l'entreprise en large partie.

Le "voyage" représente l'aspect symbolique et culturel de la circulation tandis que le processus de circulation représente son déroulé séquentiel. Toutefois, il y a un autre aspect de la circulation à comprendre et qui est lié aussi aux modifications du réseau de consommateurs : celui des dynamiques de la circulation.

2. UNE CLÉ DE COMPRÉHENSION : LES ÉLÉMENTS DES DYNAMIQUES DE LA CIRCULATION ET LEUR DIFFÉRENTE ASSOCIATION

Nous allons parcourir les éléments de la circulation qui créent des dynamiques de circulation différente selon leur association, ce qui est utile pour comprendre encore mieux la circulation et surtout les modifications du réseau par la circulation. Si dans le chapitre précédent nous avons présenté un processus de circulation qui est générique pour tous les produits et marques, sans distinction en relation au sens donné par le consommateur et par le réseau, nous intégrons ces résultats par une compréhension qualitative plus fine qui nous permet de comprendre les dynamiques de la circulation et ensuite continuer dans la présentation des résultats sur la modification du réseau. Si le concept de voyage explique la partie symbolique, de création et accumulation de valeur, les dynamiques de la circulation sont plus ancrées au processus de circulation et l'expliquent mieux. D'abord, nous présentons les éléments de la circulation liés à chaque phase du processus pour ensuite présenter leurs associations différentes.

2.1 La commande explicite

La commande explicite est une commande clairement demandée par un consommateur à un membre de son réseau personnel qui sera chargé d'en organiser l'achat et la logistique. À chaque fois dans l'année où elle se rend à Londres, Valentina achète des produits et marques commandés par ses amies : « *Ce sont elles qui me le demandent aussi : "Ah, si tu vas à Londres n'oublie pas de m'acheter..."* ». Marie reçoit des commandes par des amis et de la famille du Nord de la France qui passent lui rendre visite en été dans la maison qu'elle loue en Toscane : « *Donc, ensuite ces gens-là passent commande. Ah, tous ceux qui sont passés, ils nous demandent de leur ramener des trucs : donc du vin, de l'huile d'olive...* ».

Pour les commandes explicites, la question de l'argent à rembourser pour l'achat dépend de la relation entre la personne qui passe la commande et celle qui la reçoit. Parfois, même si la commande est explicite, il n'y a pas un paiement conséquent. Pascale reçoit des commandes régulières d'achat d'un produit par sa mère, mais la relation étroite ne donne pas lieu au paiement entre mère et fille : « *Elle me dit : "Bah, quand tu viendras tu m'achètes 5 paquets –par exemple- de crème impériale", que je vais acheter ici au supermarché. Elle me dit : "Voilà je te paierai ces paquets ". Bien entendu quand moi j'arrive, je ne vais pas lui faire payer les 5 paquets. Mais dans son idée c'est une commande qu'elle me passe régulièrement* ».

Dans d'autres situations, il existe des commandes explicites sur des produits qui ont un prix assez faible. Toutefois, si la relation est moins étroite, le receveur va payer à l'acheteur le prix de son achat. C'est le cas de Thomas, qui ramène des poulets fermiers d'Amiens à des amis dans la métropole lilloise.

Une commande explicite est payante surtout dans le cas de produits et marques qui ont un prix important. Par exemple, Françoise se fait rembourser par ses amies pour les achats sur commande de certaines marques qu'elle achète à Milan, car les prix sont moins chers qu'en Suisse et que l'on peut récupérer la TVA : « *J'allais acheter des sacs Vuitton d'une certaine valeur ; je les payais et ensuite elles me donnaient l'argent. Puis je les dédouanais et elles récupéraient...* »

2.2 La commande implicite

Une commande explicite peut devenir implicite par la suite, à cause de la réticence de l'acheteur à accepter le paiement de la part du receveur, ce qui cause la gêne de ce dernier :
« Quand les amis d'Alsace viennent, quelquefois je leur demande de me ramener quelques spécialités, mais je ne le fais pas trop parce que généralement ils ne me le font pas payer. Donc... si ce sont d'autres amis qui vont en Alsace, là je demande plus facilement. Mais c'est rare. Quand les Alsaciens viennent, je préfère ne rien dire et ils ramènent ce qu'ils veulent » (Ingrid).

Parfois, il y a un risque dans ces échanges. Le consommateur vérifie avec qui il peut établir une commande payante. Si l'accord de paiement ne se réalise pas plusieurs fois, le consommateur gêné préfère ne pas déranger la relation sociale et s'orienter sur d'autres personnes de son entourage pour réaliser la commande payante. Pour que la commande implicite continue, il faut que celui qui commande et celui qui achète aient un accord sous-entendu.

La commande implicite est une commande sous-entendue, qui dérive de l'appréciation positive du receveur d'un cadeau ou partage offert. Cette appréciation est perçue par le donneur comme une envie du receveur de renouveler l'expérience. Plusieurs de nos participants soulignent cet aspect. Armelle, après avoir fait cadeau à sa belle-mère d'une boîte de chocolat de la marque Benoît affirme : « *Elle a dit : "c'est intéressant ces petites choses, j'apprécie vraiment beaucoup". Donc, j'ai compris. C'est une dame très bien élevée, je crois qu'elle n'avait même pas eu conscience de passer une commande* ». Ingrid aussi est attentive à la réaction du receveur pour ensuite répéter le cadeau du même produit ou marque : « *Souvent je vois que le cadeau fait plaisir, ou après on fait une allusion en disant "ça nous a bien servi... on a fait connaître à d'autres personnes"* ».

Ces résultats confirment des recherches récentes sur la capacité des donneurs de saisir les émotions du receveur. Cette capacité est très variable selon chaque personne (Ganesh Pillai et Krishnakumar, 2019). De plus, notre recherche montre la capacité du donneur de traduire ces émotions en codes sociaux, de comprendre le non-dit.

Gilles est conscient de ces codes sociaux :

« Le deuxième volet c'est quand il y a des personnes qu'au téléphone nous disent : " ah, j'étais en train de chercher... des boîtes de crème, un parfum". Du coup, ce sont des choses qui ne sont pas sur commande, mais sous-entendues sur commande. Parce que les gens ne vont pas dire : " j'ai besoin de ça, est-ce que tu peux me ramener ça" ; mais en parlant des produits, ils disent : " je cherchais ça, ça m'a rappelé de toi". Et nous, on dit: "ah, tiens, du coup ça veut dire qu'il veut bien ce produit ". C'est donc ça qu'on achète ».

La commande implicite, étant une commande informelle et pas clairement demandée par le receveur, se réalise surtout par le cadeau comme l'affirme Stéphanie : « *Quand c'est implicite, on fait plutôt en cadeau* ».

Une commande implicite, c'est-à-dire des cadeaux qui sont répétés étant donné l'appréciation du receveur, peut évoluer en commandes explicites. Patrick nous fournit un exemple de *verbatim* à ce sujet :

« Les gens paient. Au tout début ce sont des cadeaux qu'on fait. Donc, là, il n'y a pas question d'argent. Puis, à un moment donné les gens disent :"Ah, moi j'aimerais bien avoir ce vin. J'ai une fête de famille, je vais chez des copains, j'aimerais bien ton vin, j'aimerais bien en faire goûter, est-ce que tu peux m'en ramener?". Donc ils nous disent : " Tu vas me donner la facture". On va chez le viticulteur, on ramène la facture, ils nous paient. Voilà. Ils nous remboursent ».

Si donc l'accès est un facteur qui déclenche la première circulation d'un produit et marque par le consommateur, même sans commande (ex. pour faire un cadeau, ou pour partager un produit), par la suite ce sont les commandes explicites et implicites à réactiver la circulation. Elles font partie des éléments dynamiques de circulation.

Éléments des dynamiques de la circulation associées à la première phase du processus de circulation.

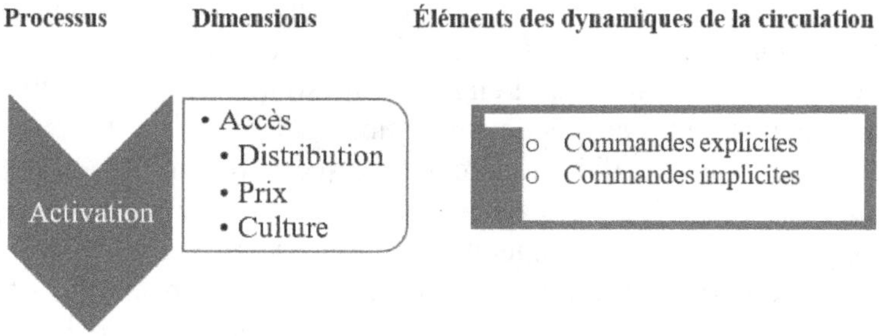

Le processus de la circulation s'applique génériquement pour tout type de circulation observée dans le réseau personnel du consommateur. Dans notre étude sur la modification du réseau de consommateurs, nous avons observé des éléments variables qui s'associent différemment et changent la dynamique de la circulation. Nous avons observé une liaison entre ces dynamiques et les modifications du réseau. Avant de passer à la partie qui traite de cette liaison, nous présentons les autres composantes de la dynamique de la circulation.

2.3 Les autres éléments de dynamiques de la circulation

En suivant la circulation de produits et marques, nous avons vérifié que leur itinéraire s'accompagne d'autres éléments liés aux dimensions du processus de circulation (par exemple le cadeau ponctuel ou le partage répétitif pour la dimension des modes de circulation). Ces éléments ne s'associent pas toujours de la même manière.

Par exemple, la dimension de l'engagement et des modes de circulation change entre Marylène (B13) et Laurianne (B19), mais aussi entre les différents produits et marques qui circulent dans le réseau de Laurianne (B19). Par exemple, pour Marylène il y a la même dynamique de circulation (avec des cadeaux ponctuels et un rare engagement logistique), que ce soit pour une consommation avec les amis ou avec son mari et pour des produits alimentaires différents. Pour Laurianne, les modes de circulation et l'engagement changent au-delà du contexte relationnel (ex. avec la famille). C'est-à-dire que la dynamique de circulation n'est pas toujours la même selon les liens relationnels. Ces deux exemples nous permettent de souligner l'importance des éléments variables liés à la circulation. Les modes de circulation et l'engagement sont donc deux autres dimensions du processus de circulation.

Nous avons vérifié que le contexte social de circulation (ex. amis ou famille), à parité des modes de circulation et d'engagement, ne changeait pas le réseau en termes de consommation. Par exemple, Claude et Marylène font circuler des produits et marques chacun dans les mêmes types de cercle relationnel ("pour soi et le conjoint" ainsi que pour "les amis"), mais c'est par la différence des modes de circulation et de l'engagement que nous avons vérifié deux types différents de réseaux de consommateurs, que nous allons expliquer dans ce chapitre.

En comparant l'association des différents éléments des modes de circulation et d'engagement, nous avons vérifié que cela allait aboutir à des types différents de réseaux de consommateurs.

Par exemple, Estelle et Patrick en relation à certains produits, les transportent de temps en temps et les font connaître à leur entourage d'amis et famille. Pourtant, cela s'avère être ponctuel. Les receveurs arrivent à profiter et à connaître un produit et marque grâce à leur réseau, mais ce type de réseau de consommateurs s'organise autour d'une consommation ponctuelle. Les différentes dynamiques de la circulation pour les dimensions de l'engagement comportemental et des modes de circulation, sont mises en évidence en bas.

Les éléments des dynamiques de la circulation relatives aux dimensions de l'engagement et des modes de circulation.

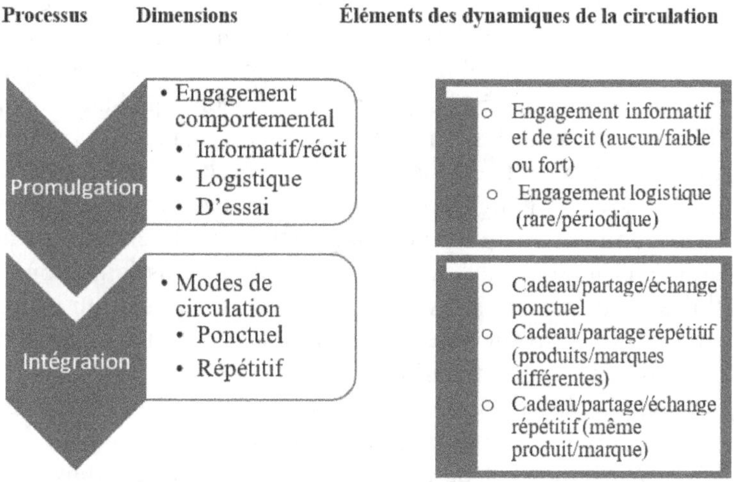

3. LE CHANGEMENT QUALITATIF DU RÉSEAU PERSONNEL

Selon ces dynamiques, le réseau personnel du consommateur peut changer qualitativement au niveau de la structure sociale et des activités de consommation. Les activités de consommation seront traitées dans la partie suivante. Dans cette partie nous traitons surtout les modifications sociales. Nous avons déjà montré que la circulation a un aspect symbolique et culturel lié au concept de voyage et que la circulation peut créer des sous-réseaux dans un même réseau personnel. De plus, les éléments des dynamiques de circulation (ex. le don répétitif du même produit/marque) peuvent amener à changer la centralité des receveurs. Certains membres qui sont plus externes au niveau de l'univers de consommation partagé par le consommateur avec ses relations peuvent devenir plus importants, centraux, grâce à la circulation de certains produits et marques. Il s'agit d'une perspective différente de celle déjà connue entre cadeaux et liens interpersonnels. Si le don renforce les liens, le don peut être de tout type, aussi d'un produit ou marque donné comme un cadeau-souvenir ponctuel. Pourtant, ce type de cadeau-souvenir, bien qu'il puisse renforcer les liens interpersonnels, ne change pas la structure qualitative du réseau. Au contraire, le don ou le partage d'un produit ou marque faisant partie de la sphère de consommation confidentielle peuvent changer la position qualitative d'un membre dans le réseau. Des sous-réseaux émergent dans le réseau personnel. Ils sont qualitativement différents, pas pour les liens interpersonnels, mais pour l'intérêt de consommation qui est façonné par la circulation de produits et marques grâce à l'engagement du consommateur. Par exemple, Claude nous explique son engagement dans la circulation de produits et marques du sud-ouest à ses amis dans la métropole lilloise. Cette circulation vise à créer des alliances et un intérêt commun qui peuvent relier plus étroitement et qualitativement des amis par la consommation :

Q : Donc, si j'ai bien compris vous cherchez d'abord de faire goûter, apprécier un produit. Comment cela se réalise-t-il ?

R : Ça se fait par réseau d'amitié, pour essayer de trouver des alliances entre amis qui ont un intérêt commun.

Les produits et marques faisant partie de la consommation confidentielle qui circulent dans le réseau ne sont pas des cadeaux d'anniversaire (ex. les sardines de la Belliloise de Sabine) ou des souvenirs touristiques (ex. le thé froid industriel de marque Estathé de Marie) et ils ne sont pas choisis au hasard. Ils ne sont pas toujours typiques (ex. la moutarde industrielle Maille de Cristina), ni ostentatoires (ex. la crème à raser de Valentine), ni intimes (ex. le vin de Patrick). Pourtant, ces produits et marques ont en commun le fait d'ouvrir certains membres du réseau personnel à son propre univers de consommation lié à une expérience de vie et une expérience identitaire ailleurs. Il s'agit d'expériences cycliques et pas de parenthèses temporaires comme celles touristiques. Marie nous dit :

« J'ai essayé de réorganiser autour de moi un univers qui me fait penser à l'Italie, mais ça, on l'évoquera peut-être après. Dans l'univers que je vis qui me permet de n'être pas loin de l'Italie puisque j'ai beaucoup de choses autour de moi qui me font penser à mon univers chéri, un univers dont j'ai besoin ».

Elle nous propose un exemple explicatif concernant le partage de produits et marques alimentaires lors d'un repas :

« Parce que quand par exemple on invite des amis, qu'on décide de faire un repas italien, on fait tout : c'est-à-dire qu'on fait les pâtes... on fait des tagliatelles au vin, par exemple, on a les assiettes, on a les couverts, l'huile d'olive qui vient de l'Enoteca qu'on a choisie à Pietrasanta ou à Forte dei Marmi. Fin, on est... on crée. Là pour le coup je peux dire qu'on recrée un univers qui colle exactement à... le vino bianco, le spumante... fin tout, tout, tout ce qu'on peut... le tiramisu... Mais sans tomber non plus dans l'excès, on reproduit l'univers à partir des objets qu'on ramène à la maison ».

Cette circulation crée des sous-réseaux qualitatifs dans le réseau personnel. Si on considère le réseau personnel selon l'univers de consommation d'un consommateur, la circulation de ces produits et marques peut amener le receveur à se déplacer et devenir plus centrale. Il s'agit d'une modification qualitative du réseau dans sa structure sociale, grâce aussi aux rôles émergents qui vont se créer et que nous avons expliqués avant. Donc, il y a des personnes qui peuvent rentrer dans cet univers, qui connaissent le consommateur et son univers de consommation confidentielle et peuvent en faire part. Marie affirme que « *pour les personnes qui me connaissent, alors là. Bah oui, elles rentrent en connexion tout de suite avec mon univers* ».

La modification qualitative structurelle du réseau personnel.

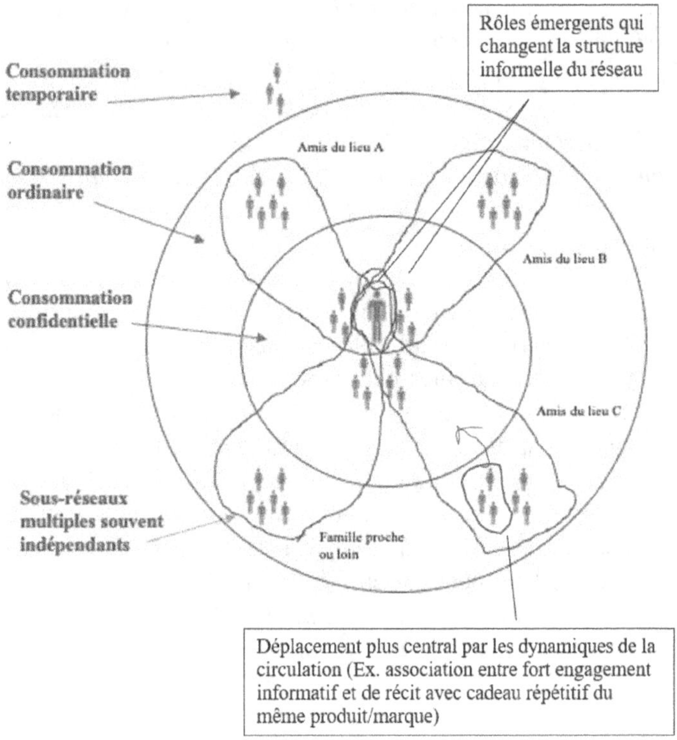

4. L'EFFET DES DYNAMIQUES DE LA CIRCULATION SUR LE RÉSEAU PERSONNEL

Nous avons approfondi l'aspect symbolique et culturel de la circulation selon le concept de "voyage" et présenté les dynamiques de la circulation. Elles sont strictement liées à la modification du réseau de consommateurs au niveau social, mais aussi au niveau de l'activité de consommation qui sera expliquée en manière plus détaillée dans la partie suivante. Le processus de la circulation permet de comprendre les aspects communs de la circulation de produits et marques dans un réseau de consommateurs, son fonctionnement par étapes séquentielles. Il s'agit d'un processus en trois phases (activation, promulgation et intégration) qui s'appuie sur trois dimensions (accès, engagement et modes de circulation). Les éléments des dynamiques de la circulation sont liés aux dimensions de la circulation et peuvent s'associer différemment.

Ce qui émerge, ce sont les dynamiques de la circulation. Par rapport à la diffusion ou aux autres concepts proches de la circulation, nous soulignons qu'il y a différentes variables pour que la circulation soit plus ou moins intense. Une diffusion et propagation, plus ou moins réussie, dépendent des liens sociaux et des influences. Dans notre recherche, la circulation a des nuances selon des dynamiques qualitatives, même si elle se réalise parmi les mêmes personnes. En d'autres termes, la circulation peut se réaliser de manière différente avec les mêmes personnes. En effet, l'intensité n'est pas entendue ici de manière quantitative, liée à une mesure. Elle émerge comme contraste[12] (Romero, 2007), une force d'intégration de produits et marques dans un réseau de consommateurs. Nos résultats montrent une différence, un contraste, entre une circulation ponctuelle et régulière. Ce contraste est dépendant des modes de circulation (cadeau, partage, échange), de l'engagement logistique et informatif (fort ou faible) ainsi que de la commande implicite ou explicite. Selon ces dynamiques, le réseau personnel du consommateur peut changer qualitativement. Certaines relations avec des membres peuvent devenir plus étroites en raison des dynamiques de circulation de certains produits et marques. Si le don renforce les liens, les recherches précédentes n'ont pas investigué le changement structurel d'un réseau à partir de la qualité du don, selon l'univers de consommation du donneur. En effet, tout type de don peut renforcer les liens, mais leur différence qualitative sur la base de l'univers de consommation du donneur n'est pas explorée. Par exemple, le cadeau-souvenir, bien qu'il puisse renforcer les liens interpersonnels, ne change pas la structure qualitative du réseau. Au contraire, le don ou le partage d'un produit ou marque faisant partie de la sphère de consommation confidentielle peuvent changer la position

---

[12] Par exemple, en sciences sociales on peut parler d'intensité au niveau qualitatif pour un phénomène, comme celui de l'aide à la personne, selon le contraste de l'association de ses différentes

qualitative d'un membre dans le réseau et faire émerger des rôles informels.

C'est à partir de ces résultats que nous allons approcher les modifications du réseau de consommateurs, même au niveau des activités de consommation.

5. LA MODIFICATION DU RÉSEAU : LES QUATRE FORMES ORGANISÉES

Les diverses dynamiques de la circulation de produits et marques font émerger quatre formes organisées de réseau de consommateurs, selon les activités de consommation : le réseau de consommation personnelle et familiale non partagée, le réseau de consommation ponctuelle, le réseau collaboratif, le réseau d'achat groupé.

5.1 Le réseau de consommation personnelle et familiale non partagée

Le premier lien de consommation que nous repérons est celui d'une circulation de produits et marques plutôt individuelle et pour sa famille au sens strict (conjoint et enfants). Il y a une circulation physique périodique de produits et marques pour la consommation personnelle et familiale sans s'appuyer sur d'autres membres du réseau. Il n'y a pas une circulation de produits et marques dans le réseau. Il s'agit souvent de produits et marques accessibles aux autres membres du réseau ou qui ne fédèrent pas sur le même intérêt de consommation.

Un exemple peut être l'achat des produits et marques pour soi-même et sa famille restreinte sans qu'ils deviennent l'objet d'une circulation dans le réseau.

Voici deux exemples de *verbatim* de nos participants :
« J'ai tendance à trouver des marques et des produits là où je vis. Le problème, c'est le choix limité qui s'offre à ces marques et produits. Pour une marque de vêtements dans une ville comme Lugano il y a le vendeur de cette marque et d'autres, tandis qu'à Milan, je peux trouver dans Corso Vittorio Emanuele un bâtiment entier de trois / quatre étages et évidemment le choix

est complètement différent d'un détaillant qui a un magasin de peut-être 30 mètres carrés » (Françoise).

« Je vais chez le boucher, je fais préparer des choses, puis je les mets au congélateur à Milan et puis je peux aussi consommer des choses locales que je prends là-bas » (Anna).

Ce type de lien de consommation se positionne comme étant le degré le plus bas des dynamiques de la circulation. En effet, il n'y a pas des cadeaux ou le partage sur ces produits et marques.

5.2 Le réseau de consommation ponctuelle

Quand il y a des produits et marques qui commencent à circuler dans le réseau par des cadeaux ou le partage, alors on passe à d'autres types de réseaux de consommateurs.

Dans le réseau de consommation ponctuelle, il y a la circulation ponctuelle de produits et marques appréciées selon des modes de don et partage (Arnould et Rose, 2016) pour des occasions spéciales ou pour des obligations sociales (ex. donner une bouteille de vin pour remercier un voisin d'avoir retiré son courrier pendant son absence). Le donnant prête attention à proposer des produits et marques qui ne sont pas toujours accessibles pour le receveur.

Les deux entretiens suivants montrent comment des produits et marques peuvent circuler dans le réseau personnel du consommateur, par exemple par des cadeaux ponctuels ou répétitifs :

« On ramène également des cigares. Je ne fume pas, mais je les offre, par exemple à un voisin qui me fait le gazon. C'est un petit cadeau, comme ça » (Gabriel).

« Une fois j'apportais des gâteaux, mais maintenant je suis un peu ennuyée et puis maintenant ces gâteaux on les trouve ici aussi. Une fois je ramenais des cupcakes qu'ils ne connaissaient pas ... maintenant il y en a ici, donc rien... (...) Une fois j'apportais des choses de Diana, de cachemire, mais honnêtement maintenant nous l'avons ici aussi... » (Valentina).

On remarque que la répétitivité du cadeau ou du partage ne change pas le type de réseau en termes de consommation, car s'il s'agit de produits et marques différentes. En effet, en changeant à chaque fois le produit ou marque que le consommateur fait circuler dans son réseau personnel, le cadeau est différent à chaque fois et il n'impacte pas les habitudes de consommation. Il nous semble que ce type de don répétitif, mais d'un produit ou marque qui change s'approche au sens du don vu par Mauss (1925). Au don d'une activité, celle du voisin qui va tondre ou prendre le courrier, on offre un contre-don d'un produit ou marque. Le consommateur qui l'offre ne cherche pas à partager son sens, le lieu d'origine ou de l'achat.

5.3 Le réseau collaboratif

Dans le réseau collaboratif, il y a un engagement collaboratif de plusieurs membres qui prennent l'initiative de réaliser la circulation de produits et marques dans le réseau. L'initiative est prise personnellement ou en s'appuyant sur d'autres membres, de manière récurrente et selon des commandes implicites et explicites. Les membres partagent un même intérêt pour un type de consommation, mais une asymétrie d'accès des membres au produit/marque existe. Il s'agit de membres qui partagent une consommation confidentielle, une culture locale pour un produit ou marque qui ne peut être apprécié que par les connaisseurs intimes d'un lieu. Ces produits et marques ne sont pas toujours connus par les touristes ni forcément appréciés autant par les locaux (ex. un thé froid industriel acheté au supermarché, pas typique, pas bio, pas exotique). Pourtant, ils font partie d'un univers de consommation périodique d'un membre du réseau et rentrent dans la consommation périodique de certains autres membres de son réseau personnel qui les apprécient. Pas tous les membres de ce réseau fréquentent le même lieu de provenance des produits et marques. C'est le membre qui en a l'accès (passeur) qui joue le rôle clé pour la circulation dans ce réseau de consommation. Chaque membre a potentiellement le rôle du passeur en fonction des produits/marques qu'il trouve à proximité, s'il s'engage à les transporter ou envoyer.

Par exemple, c'est le cas où un membre qui a accès à un certain produit/marque l'envoie par la poste à un autre membre de manière récurrente ; ou il l'apporte périodiquement lors de leurs rencontres.

Deux *verbatim* illustrent ces aspects :

« Nous, on leur ramène des produits de France. Parce que quand ils sont venus, ils ont adoré la baguette, le beurre salé, la bière des Trois Monts. Donc nous quand on part en Italie on amène des denrées périssables et non périssables. On fait circuler nos produits qu'ils ont beaucoup adorés » (Marylène).

« Normalement le canal est le suivant : j'appelle ma mère, ou mon père ou mon frère... quelqu'un qui est un ancrage sur place: " J'aimerais avoir ces biscuits, la prochaine fois que vous venez ici apportez-les ". Normalement, la chaîne va toujours dans cette direction : moi, maman, commerçant. Mais il est arrivé une ou deux fois que le tour soit renversé. Par exemple, pour la fête des Pères, j'ai appelé le commerçant et lui ai demandé : "Pourriez-vous envoyer à mon père un plateau de pâtisseries ? Parfois, le trajet s'est inversé, mais ce n'est pas une habitude » (Cristina).

L'engagement informatif et de récit est fort pour les produits et marques qui ne sont pas encore connus par le receveur du cadeau/partage, tandis qu'il est plus faible ou il cesse du moment où le receveur les connaît et que la répétition de la circulation devient une routine. Armelle nous explique cela :

« La première fois j'ai dit : " j'ai apporté du chocolat, je sais que vous aimez bien ça". Je pense que les premières fois j'ai montré les chocolats au moment du café par exemple, après un repas. On arrive, on déjeune et puis la surprise. Maintenant comme ce n'est plus une surprise et que tout le monde est content de savoir que le chocolat est arrivé à la maison, c'est l'une de premières choses que je sors de la valise en disant : " ça sera pour le café". Tout le monde trouve ça normal, même si ma maman dit encore : " Oh! Ma chérie, il ne fallait pas, il fallait garder tes sous pour toi, c'est beaucoup trop... ". Ma maman est adorable. C'est un rituel».

Nous avons défini ce réseau comme étant un réseau collaboratif du moment où il y a un système informel d'organisation pour maintenir la consommation d'un certain produit ou marque. Dans la consommation ponctuelle, même s'il y a une demande explicite de ramener un certain produit ou marque d'un lieu fréquenté par une relation personnelle, cela se réalise rarement ou ponctuellement. Il ne s'agit pas d'une collaboration périodique et le cadeau ou commande ponctuelle ne change pas les habitudes de consommation du receveur, vu que c'est exceptionnel et sporadique (ex. une amie d'Armelle qui lui avait demandé une fois de ramener des plats de la Savoie ; une amie de Stéphanie qui lui avait demandé de ramener de l'aloe vera de Lanzarote).

5.4 Le réseau d'achat groupé

Le dernier type de réseau de consommateurs c'est le réseau d'achat groupé. Il s'agit d'un réseau qui partage le même intérêt de consommation, mais où il n'y a pas le même engagement des membres pour réaliser la circulation. Elle s'appuie sur le membre qui a suscité l'intérêt de consommation aux autres (médiateur culturel) et qui a souvent une asymétrie d'accès aux produits/marques. Il s'engage, dans un rôle de point-relais, dans la prise de commande collective, stockage et livraison aux autres membres. Par rapport au groupe d'achat décrit par Wang, Zhao et Li (2013) ni le médiateur, ni le point relais sont forcément des connaisseurs. Ils ne sont pas des spécialistes du produit ou de la marque. Ils ont simplement apprécié et fait apprécier à leur entourage un certain produit ou marque, pas connu et pas distribué dans l'environnement de son entourage. Il se rend disponible à gérer la partie logistique. De plus, la remise sur le volume acheté n'est pas l'objectif principal du réseau d'achat groupé, au contraire du groupe d'achat (Wang, Zhao et Li, 2013), même s'il peut se réaliser. Enfin, dans les cas qui émergent de notre recherche, l'achat se réalise entre membres ayant des liens sociaux, c'est-à-dire que les consommateurs qui font partie du réseau d'achat groupé sont reliés par des relations formelles (ex. famille) ou informelles (ex. amis). Cet aspect n'est pas fondateur du groupe d'achat présenté par ces chercheurs.

Un exemple est celui d'un membre qui prend des commandes explicites et payantes auprès d'amis et collègues sur un produit/marque qu'il a fait connaître personnellement. Ensuite, il s'engage dans l'achat, le transport et la livraison aux autres membres.

Nous avons repéré des cas de ce type parmi nos participants. *« Il y a des gens qui en prenaient régulièrement, donc quand je m'en vais en septembre je leur dis (comme on a téléphoné un petit peu à l'avance, en aout, à l'apiculteur pour savoir s'il aura*

du miel, combien il va en avoir) : " cette année il n'y en aura pas beaucoup, donc je ne peux pas en donner beaucoup à tout le monde, mais tout le monde aura un petit quelque chose, mais il n'y aura pas la quantité des autres années ". Quelquefois je n'ai pas de retour, donc je prends ce qu'on me donne et au fur et à mesure que les gens en mangent disent oui ou non. Donc, généralement on achète le miel, on paie le miel et puis les gens me donnent en fonction... après je porte le miel à domicile, sur le lieu de travail ou à domicile aux personnes qui me l'ont demandé. En général sur le lieu de travail les gens savent... » (Ingrid).
« Je sers de point-relais à la fois pour concentrer la commande, passer les commandes, donc obtenir les bons tarifs ou la livraison gratuite » (Claude).

Cet échange se réalise sur commande explicite et payante du receveur. Comme il connaît le produit ou la marque, l'engagement informatif et de récit est absent ou faible.

Les réseaux de consommation émergés de notre étude.

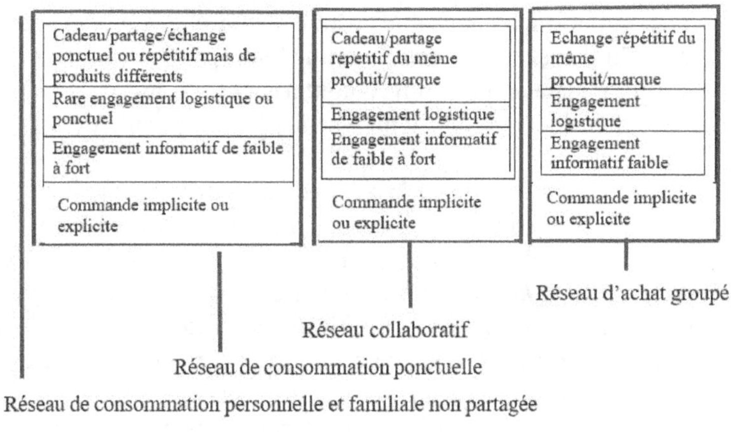

6. DES ÉVOLUTIONS POSSIBLES D'UNE FORME À L'AUTRE

Les formes d'organisation de consommation que nous avons présentées ne sont pas fixes. Elles peuvent évoluer si certaines conditions se présentent. Nous avons récolté ces changements en écoutant les entretiens des consommateurs. Ils nous ont raconté certains moments clés où il s'est réalisé le passage d'un type de réseau de consommateurs à l'autre, et que nous présentons dans ce paragraphe.

Un premier passage est celui d'un réseau de consommation personnelle/familiale non partagée à un réseau d'achat groupé. Il s'agit d'un passage où le consommateur, qui connaît et consomme un produit ou marque, décide de le faire circuler dans son réseau personnel par une proposition d'achat. C'est le cas d'Ingrid, qui appréciait un miel provenant du centre de la France et qu'elle a décidé de faire connaître à des amis et des collègues, le proposant à l'achat. Le discours qui en est à la base se centre sur le prix du produit qui est plus intéressant que ce que l'on trouve sur la grande distribution, mais aussi l'aspect social, car un tel achat permet de faire vivre des producteurs locaux. Il s'agit d'une consommation responsable, d'une démarche qui s'approche à celle du *buycott* qui soutient une entreprise (Neilson, 2010). Ingrid, s'engage dans un volontarisme civique pour aider un producteur local et réalise un réseau d'achat groupé de sa propre initiative :

« L'apiculteur avait besoin de revenus et on a proposé du miel à nos amis. J'ai commencé à proposer le miel à des amis, en disant: " voilà, je connais un apiculteur... ". En plus le prix est imbattable, le kilo est à 5 euros et c'est du vrai miel. Donc, je proposais ça et surtout aux amis proches qui ont des enfants, et qui ne vont pas le revendre surtout, parce que le but ce n'est pas qu'il soit revendu. Donc, les amis... même les collègues de travail... Il y en a qui prennent régulièrement du miel. Une ancienne collègue m'a demandé la semaine dernière si j'avais encore du miel » (Ingrid).

Cette démarche de soutien au producteur local est initiée par Ingrid, par les consommateurs qui sont des habitués du lieu et qui connaissent les PME, les artisans et leurs histoires. Ensuite, elle est soutenue par le réseau personnel d'Ingrid qui partage les mêmes valeurs, aime certains produits et se relie pour un but commun. Pourtant, l'objectif et la participation du réseau sont loin d'être une revendication en forme de mouvement de consommateurs. Il s'agit de forces microsociales et de trajectoires personnelles sur lesquelles ne s'ancre pas seulement la résistance du consommateur comme étudié auparavant, mais aussi une forme de *buycott.*

Le passage évolutif de la consommation personnelle et familiale non partagée au réseau d'achat groupé.

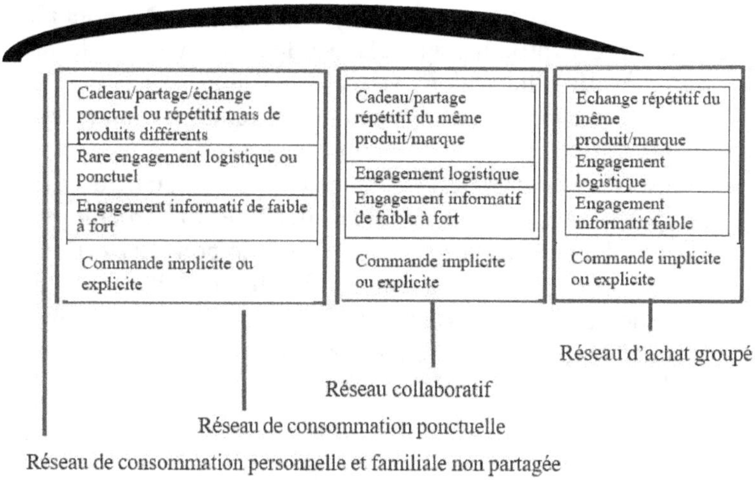

Un autre passage possible est celui d'un réseau de consommation personnelle et familiale non partagée à un réseau de consommation ponctuelle. Dans ce cas, des produits et marques achetés pour soi-même et sa famille (conjoint et enfants) sont parfois partagés avec des amis ou la famille plus large (parents, oncles…).

Par exemple, Vittorio commande chez un commerçant italien des produits du territoire de la Calabre, surtout des fromages : « *Dernièrement, étant donné la difficulté du transport, nous avons compté sur un commerçant qui est en Calabre et qui expédie aussi à l'étranger et nous avons fait beaucoup de commandes sur certains fromages* ». En plus d'une consommation pour soi et pour sa femme et ses enfants, il a commencé à faire connaître ces produits à des amis, par des cadeaux qu'il fait au moment d'être invité pour un repas.

« Quand quelqu'un nous invite en France, nous sommes fiers de lui faire goûter un fromage italien Calabraise, et c'est pourquoi nous lui offrons une forme de fromage. Cela arrive souvent. Mais étant donné la difficulté du transport, aucune commande ne m'a jamais été demandée, mais lorsque nous invitons ou sommes invités, nous faisons essayer ou donnons le produit que nous avons acheté personnellement » (Vittorio).

Vittorio semble exprimer une partie de soi par les produits italiens. Il n'est pas originaire ni de la ville ni de la région de provenance de ces fromages. Pourtant, il a appris à connaître et apprécier ces produits grâce à sa femme et sa belle-famille originaires de telle région. Même quand il n'y a pas une liaison d'origine territoriale avec le lieu de provenance d'un produit, le consommateur, par la circulation, peut exprimer un soi étendu selon son expérience de vie, son histoire personnelle et familiale qui passe aussi par certains lieux et microcultures de consommation. Si pour un français Vittorio pouvait exprimer son identité italienne avec la circulation de produits de sa nation d'origine, des produits ethniques, pour un italien il pourrait exprimer simplement son expérience de vie dans une autre région d'Italie, différente de celle de ses origines.

Le passage évolutif du réseau de consommation personnelle et familiale non partagée au réseau de consommation ponctuelle.

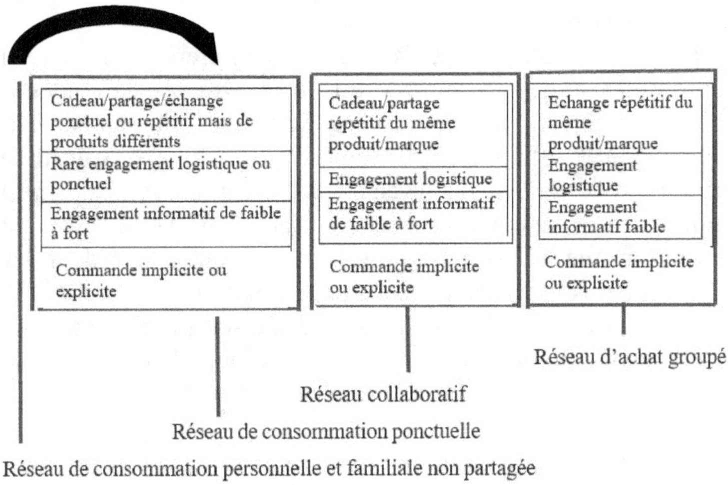

Le dernier passage que nous avons repéré à partir du réseau de consommation personnelle et familiale non partagée est celui qui amène au réseau collaboratif.

Cristina, qui consomme de la moutarde Maille en France, a décidé d'en faire cadeau régulièrement à son papa en Italie. L'image en bas montre le moment de l'offre du cadeau. Elle accompagne ses vidéos par cette explication :
« Je suis en train de partir pour les vacances d'été et je vais en Italie. Je m'arrête dans des lieux de vacances et puis je vais chez moi dans les Pouilles dans le Salento. J'ai ce pot de moutarde de Dijon que j'ai justement acheté, car je pensais à le placer dans un trou du bagage en soute pour le ramener et en faire cadeau à mon papa, car à chaque fois qu'il vient il apprécie beaucoup ce type de moutarde. En Italie il y a de la même marque et du même aspect, mais pas du même goût, car celui-ci a un goût très fort qu'il aime beaucoup. Bien sûr, chaque fois qu'il ne peut pas le prendre avec lui parce qu'il ne peut pas voyager en avion, mais comme j'espérais porter un bagage, je pourrais peut-être le lui apporter. Je suis trop chargée et je ne peux pas le faire à l'intérieur. Pas mal, car à la fin des vacances je vais faire un petit

colis que j'ai envoyé avec le service postal, je pense, car les courriers express sont un peu chers et je ne sais pas comment faire autrement. Ainsi je vais en profiter pour mettre dedans autre chose » (Cristina).

Par les paroles de Cristina, on comprend bien que la consommation de moutarde Maille a intégré les habitudes de consommation du papa, et que périodiquement elle est donnée ou envoyée par Cristina, ou c'est le père qui la ramène pour lui les fois où il rend visite à sa fille en France. La moutarde industrielle Maille a une valeur partagée qui tient dans la fréquence de l'attention que la fille montre à son père, une valeur dans leur relation. Nous sommes dans une situation de réseau collaboratif qui peut s'ouvrir à d'autres personnes de son propre entourage. Une consommation qui est de la famille nucléaire de Cristina, s'étend à sa famille d'origine par le papa.

Le passage évolutif du réseau de consommation personnelle et familiale non partagée au réseau collaboratif.

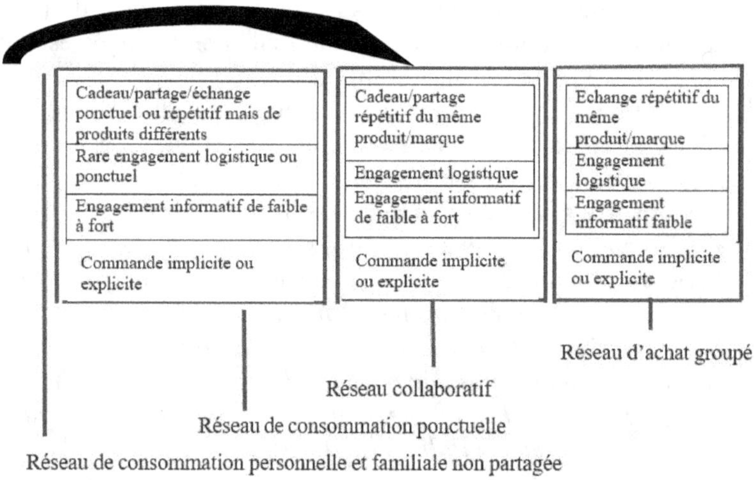

D'autres passages peuvent s'observer. Par exemple, Patrick qui a commencé à faire des cadeaux d'un vin de Vouvray et en partager régulièrement avec de nouveaux amis à Pornic, est ensuite passé à en commander de manière groupée, grâce à des commandes explicites. On peut donc passer d'un réseau collaboratif à un réseau d'achat groupé. Patrick affirme que : « *On a eu les premières commandes au bout de deux mois, quoi. Au bout de deux mois, les gens commençaient à nous demander...* ». Les amis à Pornic ont commencé aussi à faire circuler leurs vins locaux à Patrick, comme une forme de réciprocité. Patrick reconnaît la nature culturelle régionale de ce type de produit (le vin) et pense que par ces échanges on échange de la culture. Il semble que derrière la motivation des consommateurs à s'engager activement dans l'achat groupé et assumer le rôle de point relais il y a souvent une sorte de mission socioculturelle. Pour Patrick c'est le partage de sa culture régionale de production de vin, pour Ingrid c'est l'aide à la survie d'un producteur local de miel. Par leur engagement et le rôle qu'ils assument (point-relais) dans le réseau, il semble qu'ils prennent une forme de pouvoir basé sur la connaissance (du producteur, du produit, du canal d'approvisionnement, de la langue pour Vittorio).

La temporalité de la réception des premières commandes explicites n'est pas généralisable. Une commande explicite peut se réaliser selon des temps divers. Un receveur peut s'intéresser assez vite à un produit ou marque et faire des commandes explicites ; ou il peut apprécier et s'attacher plus lentement au produit/marque ; ou encore il peut continuer à les consommer sur la base d'une commande implicite, surtout si la relation sociale entre donneur et receveur est étroite et la dépense n'est pas trop importante.

Par exemple, Pascale à chaque fois qu'elle rend visite à sa mère dans le sud de la France lui rapporte de la crème impériale selon une commande explicite, qui ne sera pas suivie de paiement, selon la volonté de la fille.

« Quand je vais voir ma mère, régulièrement elle va me demander de lui ramener un produit, qui est de la crème impériale. Donc on en trouve au supermarché ici. Il n'est pas un produit, on va dire, typique du Nord Pas de Calais, mais elle ne le trouve pas ailleurs et donc elle me passe la commande. Elle me dit : "Bah, quand tu viendras, tu m'achètes 5 paquets –par exemple- de crème impériale", que je vais acheter ici au supermarché. Elle me dit : "Voilà, je te paierai ces paquets". Bien entendu quand moi j'arrive, je ne vais pas lui faire payer les 5 paquets ».

Ici, nous n'avons pas un exemple d'achat groupé, mais seulement un exemple de la variété des démarches pour une commande explicite.

Le passage évolutif du réseau collaboratif au réseau d'achat groupé.

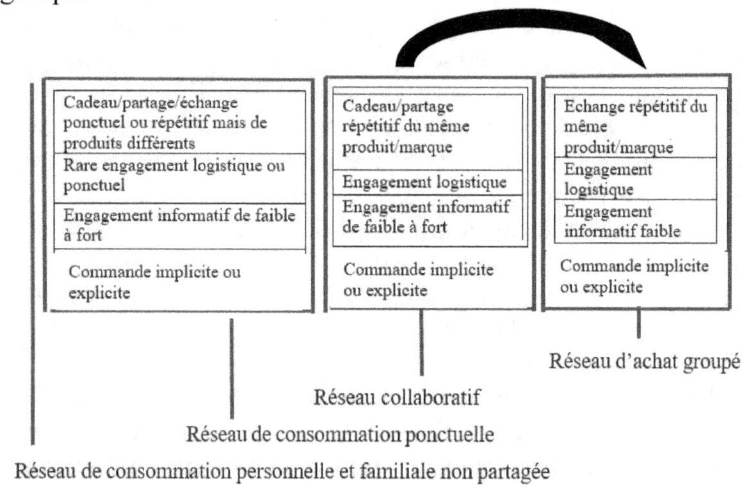

Enfin, nous soulignons que l'on peut passer d'un réseau de consommation ponctuelle à un réseau collaboratif. Ce passage est moins évident dans nos données, mais on peut en trouver des traces. En effet, chaque cadeau ou partage répétitif commence par un cadeau ou un partage ponctuel. C'est ensuite l'appréciation du receveur pour le produit ou la marque à pousser le donneur à refaire le cadeau.

Silvio nous explique cela :

« Parfois, le produit n'a pas le succès que nous espérions et bien... ».

Q. : Est-ce que cela vous affecte ?

« Non, je continue à l'utiliser... parfois je comprends que tout le monde n'apprécie pas ce produit... ».

Si le produit n'est pas visiblement apprécié, le consommateur ne le propose plus pour un même cadeau ou partage, mais il continue à le consommer pour lui-même et pour sa famille au sens strict (conjoint et enfants). Pour le consommateur un tel échec est expliqué par différence de goûts avec ceux qui n'ont pas aimé le produit, tandis que l'appréciation est perçue comme étant une valorisation de ses choix, personnelle. Selon notre recherche un tel échec ne permet pas la modification du réseau : aucun rôle informel ne peut émerger, les receveurs ne s'approcheront pas à l'univers de consommation confidentielle du donneur et l'activité de consommation n'évoluera pas dans d'autres formes.

7. LA DISSOLUTION COMME FORME DE TRANSFORMATION

Nous avons remarqué comment il est possible que l'on passe d'un type à l'autre de réseau de consommateurs en termes évolutifs. Nos résultats montrent aussi qu'un type de réseau peut se dissoudre.

Gabriel se rendait dans le sud de la France en voiture, ce qui lui permettait de rapporter des cartons de muscat qu'il ramenait aussi pour son voisin qui lui passait commande.

Le changement de moyen de transport, en passant de la voiture au train, lui a posé des soucis en termes de quantité et poids à ramener. Gabriel n'a plus pu assurer une satisfaction régulière de la commande de son voisin. Ainsi, la relation de consommation en forme de réseau d'achat groupé s'est arrêtée.

« Par contre notre voisin, quand on descendait en voiture, il avait aimé beaucoup le muscat et il nous demandait de ramener les petits cartons de muscat. Après on ne l'a plus fait. Quand on a la possibilité, que notre fille y va, on lui demande d'en ramener plus, mais uniquement quand elle est en voiture » (Gabriel).

Toutefois, une telle dissolution de type de réseau s'accompagne d'une transformation dans un autre type. Dans le cas de Gabriel, par exemple, le réseau d'achat groupé est devenu un réseau de consommation ponctuelle. La circulation est moins régulière, et le produit ou marque ne rentre plus régulièrement dans les habitudes de consommation du receveur.

La littérature marketing a étudié certaines formes de dissolution de groupes de consommateurs. Kozinets *et al.* (2017) conceptualisent la notion de "réseautage instantané" (*instant networking*) pour exprimer des formes d'agrégation temporaires suivies de leur dissolution. Dans ce cas, la dissolution est sans regret et n'est pas suivie d'autres formes de liens de consommation entre ses membres. Gambetti et Graffigna (2015), ont étudié quand les communautés échouent parce qu'il n'y a pas de création de valeur. Muñiz et Schau (2005) ont exploré le cycle de vie d'une communauté de marque quand un produit est abandonné par la marque et qu'un groupe de membres survit dans l'attente de son retour.

Par rapport à cette littérature, nos résultats montrent qu'une dissolution d'une forme de liaison de consommation peut placer les consommateurs dans d'autres formes, si la relation sociale continue.

Le passage involutif du réseau d'achat groupé à la consommation personnelle et familiale non partagée.

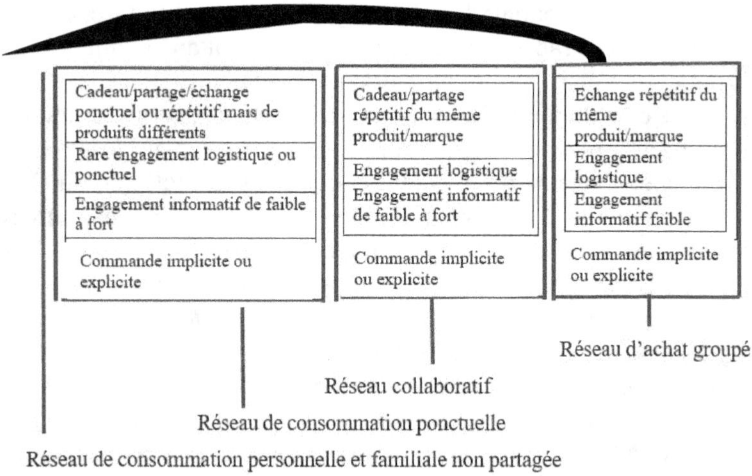

8. LES ACTIVITÉS DE CONSOMMATION DU RÉSEAU DÉTERMINÉES PAR LES DYNAMIQUES DE CIRCULATION

Les diverses composantes des dimensions de la circulation, les dynamiques de circulation, s'associent pour aboutir à quatre formes différentes d'activités d'achat et de consommation structurées par des rôles dans le réseau : le réseau de consommation personnelle et familiale non partagée, le réseau de consommation ponctuelle, le réseau collaboratif, le réseau d'achat groupé. La présence continue de produits et marques parmi les membres d'un réseau de consommateurs, leur absence ou leur présence réduite, change la configuration du réseau. Chacun de ces types a des caractéristiques spécifiques. De plus, il est possible d'avoir une évolution, mais aussi une involution d'un type à l'autre, en fonction du changement des dynamiques de la circulation (ex. engagement logistique). Au niveau des rôles, certains membres centraux (ex. passeur) peuvent changer de position et devenir périphériques, par exemple si par des événements personnels ils ne fréquentent plus certains lieux où ils s'approvisionnaient des produits et marques qu'ils faisaient circuler ; ou s'ils changent de moyen de transport (ex. de la voiture à l'avion).

9. LA MODIFICATION ET LA FLUCTUATION DU RÉSEAU

Les dynamiques de la circulation peuvent modifier le réseau personnel du consommateur le structurant en sous-groupes selon son univers de consommation. Un membre plus externe peut devenir plus central en créant des sous-réseaux. Il ne s'agit pas seulement d'un renforcement des liens qui peut se réaliser même dans les cercles plus externes de son univers de consommation, par exemple, avec un don faisant partie de l'univers de consommation temporaire. Il s'agit d'une introduction dans un univers plus personnel, dense de sens, expérientiel, que le consommateur cherche à partager avec certains membres même si pas tous veulent y rentrer (par exemple en fonction des goûts) au-delà des liens personnels plus ou moins forts.

Ensuite, les dynamiques de la circulation peuvent modifier les activités de consommation du réseau personnel du consommateur. En d'autres termes, nous avons traduit le processus de circulation et ses dimensions en composantes dynamiques, pour expliquer leur influence sur la modification d'un réseau de consommateurs. Quatre types organisés en découlent : le réseau de consommation personnelle et familiale non partagée, le réseau de consommation ponctuelle, le réseau collaboratif, et le réseau d'achat groupé. Ces types s'organisent de manière informelle, mais ils ne sont pas fixes. Le changement des dynamiques de la circulation change les activités de consommation entre membres du réseau. Donc, un type peut changer et passer à un autre type. Aucune dissolution ne détruit complètement le réseau de consommateurs, mais elle est plutôt suivie d'une transformation.

Pour conclure, les modifications d'un réseau peuvent être indépendantes de l'expertise de certains consommateurs (ex. le leader d'opinion qui influence et structure un réseau), car le consommateur qui démarre une circulation de produits et marques n'est pas forcément un expert de tel produit ou marque, mais plutôt un connaisseur qui a eu une expérience du lieu, de ses modes de vie, de sa culture de consommation. Lors de la circulation, le réseau personnel du consommateur peut ne pas changer formellement : le consommateur peut avoir les mêmes amis, les mêmes personnes de la famille, les mêmes liens forts ou faibles. Pourtant, si la structure sociale reste formellement la même, des modifications émergent en relation aux dynamiques de la circulation. Socialement, le réseau personnel du consommateur se structure qualitativement en sous-réseaux selon l'univers de consommation partagé avec d'autres membres. Au niveau des activités de consommation, quatre types de réseaux de consommateurs peuvent émerger et changer en fonction de la circulation de produits et marques, ainsi que se structurer autour de certains rôles liés à la circulation. Précédemment, les réseaux de consommateurs étaient étudiés à partir de leur structure sociale formelle (ex. famille) ou de l'intérêt de consommation (ex. communauté de marque). Leur modification de consommation et structurelle était dépendante de l'influence sociale (ex. l'influence d'un fils sur la décision d'achat des parents), de la relation à la marque (ex. le manque de proposition de valeur fait échouer la communauté) ou à la pratique de consommation (ex. une fois l'objectif commun obtenu, le réseautage instantané se dissoudre). L'angle d'étude de la circulation de produits et marques nous montre un phénomène que nous n'aurons pas pu connaître avec les schémas précédents. Le consommateur qui démarre la circulation et les rôles qui émergent de notre recherche n'ont pas forcément les mêmes caractéristiques d'un influenceur comme le leader d'opinion (ex. l'expertise). Ces rôles peuvent être pris par des parents ou des fils. Le sous-réseau de la consommation confidentielle peut être attaché à une marque, mais la relation passe par des pairs qui ont une fonction d'intermédiaires, tandis que dans les communautés de marque étudiées chaque membre peut avoir un accès et une relation directe avec la marque. Enfin, les pratiques de consommation dans le réseau personnel (ex. proposer certains produits et marques lors du partage d'un repas) se construisent, peuvent échouer (selon le ressenti d'un membre) ou évoluer. Si l'intérêt de consommation a été étudié sur des groupes de consommateurs qui étaient déjà adeptes d'une pratique (ex. une tribu de passionnés de jeux vidéo), notre recherche montre que le partage d'une même pratique de consommation dans le réseau s'accompagne d'approches différentes sur le sens des produits et marques qui en font partie. Notre recherche montre une variété de circuits de circulation et une fluctuation du réseau qui peut basculer d'un type à l'autre.

La modification du réseau de consommateurs par la circulation et ses dynamiques.

Définition de réseau de consommateurs	**Modifications émergées par la circulation et ses dynamiques**
« *Une structure sociale composée d'individus qui sont connectés par un ou plusieurs types spécifiques de liens formels et informels liés à*	Structure sociale : - Modification qualitative - Création de sous-réseaux selon l'univers de consommation partagé par les membres - Changement de position d'un membre qui devient plus central s'il rentre dans le partage de la

des activités d'achat et de consommation » (Epp et Price, 2011, p.36-37)	consommation confidentielle Activités d'achat et de consommation : - Changes selon les dynamiques de circulation - Quatre types de réseau de consommateurs peuvent se créer les rôles informels qui émergent structurent le réseau

CHAPITRE 5 : DISCUSSION ET CONCLUSION

Notre projet de recherche porte sur le processus de circulation de produits et marques qui modifie un réseau de consommateurs. Nos résultats ont montré que le processus de la circulation, qui se traduit en dynamiques différentes, modifie un réseau de consommateurs dans sa structuration qualitative organisée selon l'univers de consommation partagé ainsi que selon les activités de consommation.

Du processus de circulation aux types de réseaux de consommateurs.

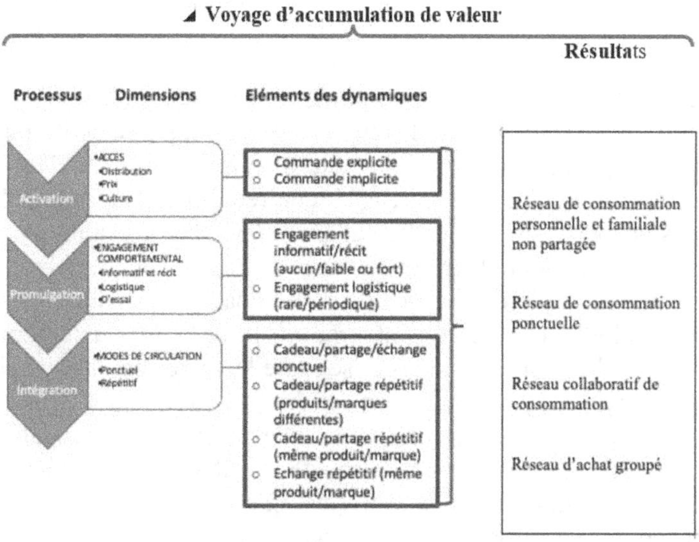

Nos résultats vont au-delà de la recherche de Epp et Price (2010) qui ont montré comment le mouvement de l'objet de l'espace domestique du réseau de consommateurs (ex. famille) influence la transformation du réseau au niveau de ses pratiques identitaires.

La circulation n'est pas un phénomène homogène. Il ne s'agit pas d'un simple passage, d'une transmission d'un sujet à l'autre. Il se compose d'une série d'éléments ressortissants de ses dimensions que nous avons cherchées de comprendre. La comparaison des différentes trajectoires des produits et des marques, des contextes relationnels, des modes de circulation, de l'engagement des consommateurs, nous a permis de faire émerger une association différente de ces éléments qui composent les dynamiques de la circulation. Par rapport à d'autres mécanismes de circulation (ex. l'imitation), notre processus offre une compréhension centrée sur les produits et marques. Comme le terme "circulation" l'indique, le processus ne concerne pas seulement le transport, le flux, le mouvement d'un point à l'autre, mais aussi la distribution, les facteurs qui la déclenchent (ex. rendre accessible une consommation) et favorisent (ex. l'engagement du consommateur donneur, l'intérêt montré par le receveur), son sens. Le concept qui peut exprimer le sens de la circulation est "voyage d'accumulation de valeur". Lors du processus de circulation, il y a une accumulation de valeur : valeur liée à l'accès (symbolique ou utilitariste), valeur liée à l'engagement (informatif, logistique), valeur liée au don/partage (relationnel, de rencontre). Par rapport à la littérature marketing sur la circulation, nous précisons qu'elle n'est pas seulement créatrice de valeur (Figueiredo et Scaraboto, 2016), mais aussi accumulatrice de valeur. La valeur est toujours créée par le consommateur utilisateur (*value-in-use*) tandis que l'entreprise va présenter à l'utilisateur la valeur (value-in-use) potentielle et facilite son intégration. Dans notre recherche, ce n'est pas l'entreprise qui propose toute la valeur potentielle pour l'utilisateur final. Ce sont les rôles émergés dans notre recherche qui proposent la valeur potentielle accumulée pendant la circulation et qui ont une fonction de facilitateurs de l'intégration de ces valeurs, en préparant (ex. par les connaissances) les receveurs d'un produit ou d'une marque. Le produit et marque qui circule dans le réseau personnel du consommateur se charge de ces valeurs. C'est la raison pour laquelle les dynamiques de la circulation de produits et marques sont liées à l'augmentation ou diminution de valeur et se traduisent dans des types de réseaux de consommateurs. De plus, dans la recherche de Figueiredo et Scaraboto (2016) les objets en circulation étaient des objets banals et d'occasion (ex. des boutons, un stylo), pas forcément culturels et consommables comme ceux alimentaires qui ont émergé dans notre recherche. Les aspects culturels, du sens, de l'engagement dans le réseau n'ont pas été explorés par ces chercheurs, tandis qu'ils sont importants pour notre recherche, car ils permettent de mieux comprendre le processus de circulation, ses dimensions et dynamiques. Ils permettent de distinguer aussi la circulation de la diffusion de produits et marques.

Nous avons décrit les dynamiques du phénomène de la circulation avec ses dimensions et éléments, pour ensuite observer leur impact sur le réseau personnel. Le réseau personnel du consommateur est une structure sociale de liens formels (famille) et informels (amis) qui exerce des activités de consommation. Pour ces caractéristiques, il rentre dans la définition de réseau de consommateurs. Il s'agit d'un type de réseau de consommateurs. Dans notre recherche nous constatons que, par la circulation, des liens se renforcent et que la structure sociale change qualitativement grâce à la circulation de produits et marques qui sont plus confidentiels et font partie de l'univers de l'expérience de consommation et de vie de nos participants. Plusieurs types de réseaux de consommateurs peuvent coexister et aussi changer vers un type ou l'autre en fonction de la circulation de produits et de marques. De plus, nous mettons en évidence que ces types ne sont pas stables, mais qu'ils peuvent se dissoudre si la circulation s'arrête ou si elle est moins régulière. Alors, le comportement des membres glisse vers d'autres liens de consommation et types de réseau de consommateurs.

Notre recherche se positionne de manière différente par rapport aux récentes recherches sur la circulation des objets. En effet, récemment, des chercheurs se sont intéressés à la circulation d'objets entre consommateurs, c'est-à-dire les passages physiques autour des lieux et entre les membres d'un groupe (Figueiredo et Scaraboto, 2013). Se basant sur une approche anthropologique, ces chercheurs ont montré la capacité de la circulation des objets à créer de la valeur (Figueiredo et Scaraboto, 2016). Ils font partie des chercheurs qui ont étudié la valeur du point de vue du consommateur (Aurier, Evrard, N'Goala, 2004), mais à partir de sa création par la circulation des objets. Notre recherche s'associe à celles qui interrogent un phénomène à partir de la circulation d'objets (produits et marques). Pourtant, notre perspective s'ancre dans la sociologie des mobilités (Urry, 2007) et des assemblages sociaux (DeLanda, 2016) pour investiguer la circulation comme facteur de changement dans un réseau de consommateurs. La sociologie des mobilités étudie les configurations sociales à partir des mobilités comme celles des biens et leurs passages dans un réseau social (Urry, 2007). Les théories des assemblages sociaux sont diverses et nuancées quant à l'agencement du non-humain ; toutefois, elles partagent la vision que la matérialité joue un rôle important pour les configurations sociales et que sa circulation peut changer un groupe (Sayes, 2013). Nous avons appliqué cette perspective au réseau personnel du consommateur, c'est - à- dire à un petit réseau de consommateurs liés par des relations qui sont aussi bien sociales (ex. relations familiales, amicales) que de consommation (ex. activités collectives, appréciation d'une marque). Nous avons étudié de manière qualitative des réseaux individuels, de liens forts ou faibles.

Par rapport à la littérature existante, nous élargissons et intégrons certains aspects qui sont présentés par la suite.

1. LA CIRCULATION COMME FACTEUR DE CHANGEMENT D'UN RÉSEAU DE CONSOMMATEURS

Par rapport à la littérature qui traite des changements d'un réseau de consommateurs, nous montrons que la circulation de produits et marques peut aussi modifier le réseau. Les raisons du changement des dynamiques de la circulation dépendent de plusieurs événements et causes (ex. changement du moyen de transport de la voiture à l'avion ou déménagement des parents d'une ville ou région à l'autre et donc arrêt de la fréquentation d'un lieu, ses magasins, ses producteurs).

Les recherches précédentes ont souvent analysé le changement (ex. transformation interne et dissolution) des divers types d'un réseau de consommateurs (ex. communautés) selon trois aspects : l'identité des membres qui influence leurs rôles internes, la relation à la marque et aux produits et la création de valeur.

Certaines recherches ont étudié la transformation d'une communauté à partir des changements identitaires de ses membres. Schouten et McAlexander (1995) ont étudié comment les fans de Harley-Davidson le devenaient selon un développement de leur identité en trois phases. Littlefield et Ozanne (2011) ont expliqué les quatre phases par lesquelles les membres de la sous-culture de la chasse devenaient compétents. Les membres d'une communauté ou tribu sont séparés en sous-groupes avec des rôles basés sur leur expertise ou leurs fonctions dans la sous-culture (Celsi, Rose et Leigh, 1993 ; Cova et Cova, 2002).

Muñiz et Schau (2005) ont étudié le changement à partir de la relation avec la marque et le produit. Ils ont exploré le cycle de vie d'une communauté de marque quand un produit est abandonné par la marque et qu'un groupe de membres survit dans l'attente de son retour.

Plus centrée sur le concept d'espace, la recherche d'Eagar et L'Espoir Decosta (2018) montre comment la communauté virtuelle accueillie par l'entreprise sur son site internet (forum) peut devenir nomade et passer sur d'autres sites autonomes. La communauté, donc, peut être modifiée par les différentes reconfigurations de l'espace en ligne qui influencent la transformation de la communauté par sa vie et identité.

Enfin, d'autres recherches s'intéressent à la valeur comme un aspect à considérer pour le changement d'une communauté. Gambetti et Graffigna (2015) ont étudié la faillite d'une communauté qui échoue parce qu'il n'y a pas de création de valeur, l'entreprise étant incapable de proposer une valeur de lien (Cova, 1997).

Notre travail doctoral fait émerger l'intérêt de comprendre la modification d'un réseau de consommateurs selon le processus de circulation et ses dynamiques.

Notre intégration sur le changement d'un réseau de consommateurs.

Recherches précédentes	**Intégration de nos résultats**
Un réseau de consommateurs	Un réseau de consommateurs (réseau personnel du

(communauté) change à partir du changement identitaire de ses membres selon des phases (Schouten et McAlexander, 1995 ; Littlefield et Ozanne, 2011) Un réseau de consommateurs (communauté) change si le produit est abandonné par la marque (Muñiz et Schau, 2005) Un réseau de consommateurs (communauté) change selon les reconfigurations de l'espace en ligne, lesquelles influencent sur sa vie et identité (Eagar et L'Espoir Decosta, 2018) Un réseau de consommateurs (famille) change ses pratiques identitaires selon le mouvement d'un objet (ex. table) Epp et Price (2010) Un réseau de consommateurs (communauté) échoue s'il n'y a pas de création de valeur par l'entreprise (Gambetti et Graffigna, 2015)	consommateur) change selon le processus et les dynamiques de la circulation de produits et marques entre consommateurs. Une modification qualitative permet de créer des sous-réseaux selon l'univers de consommation partagé dans le réseau. Dans chaque univers de consommation, le sous-réseau partage une même microculture de consommation. Au niveau des activités de consommation, quatre types de réseau de consommateurs émergent

Aucune recherche n'étudie le changement d'un type de réseau de consommateurs à un autre	
La structuration d'un réseau de consommateurs (communauté ou tribu), en sous-groupes et rôles, dépend de leur expertise ou fonction dans la sous-culture (Celsi, Rose et Leigh, 1993 ; Cova et Cova, 2002)	La structuration d'un réseau de consommateurs (réseau personnel du consommateur) en sous-réseaux se façonne selon l'univers de consommation et les trois rôles émergents sont liés à la circulation de produits et marques. Pour ces rôles, il ne s'agit pas d'experts, mais seulement de connaisseurs du produit/marque

La relation entre consommateurs, produit/marque et producteur/distributeur, est différente par rapport aux recherches précédentes. En effet, dans notre recherche il émerge la possibilité qu'un consommateur puisse avoir une consommation sans forcément avoir une relation directe avec le producteur ou le distributeur.

2. UNE CIRCULATION QUI INFORME SUR LA MODIFICATION DU RÉSEAU DE CONSOMMATEURS

Nous approchons le réseau de consommateurs en nous détachant de l'intérêt principal qui justifie sa formation et aussi des influences interpersonnelles qui impactent sur la consommation dans un groupe social. Utiliser l'approche de la circulation de produits et marques, nous permet de ne pas cloisonner le réseau de consommateurs dans un type, mais au contraire de pouvoir en observer les mutations et la coexistence de plusieurs types.

Les premières recherches en marketing sur des groupes de consommateurs en dehors des groupes primaires (ex. familles), portent sur les communautés et les distinguent sur la base principale de leur existence : une offre commerciale, une marque ou une activité de consommation (McAlexander, Schouten et Koenig, 2002 ; Muñiz et O'Guinn, 2001 ; Schau, Muñiz et Arnould, 2009). Toutefois, les distinctions entre elles ne sont pas claires (Canniford, 2011). Des recherches récentes interrogent leur base autour d'un seul intérêt pour la consommation et les considèrent plus comme des agrégats autour de modes de vie et des intérêts de consommation connectés dans lesquels les discours sont négociés (Weijo, Hietanen et Mattila, 2014). La structuration d'une communauté uniquement à partir d'un intérêt de consommation est difficile (Thomas, Price et Schau, 2013).

Nous montrons qu'il existe des allers-retours des différents types de réseaux de consommateurs, et que la dissolution d'un type amène à une transformation dans un autre type. Sa dissolution ne laisse pas les membres dans une forme d'attente (Muñiz et Schau, 2005), ni les détache de liens de consommation. Il n'y a pas une congélation ou dissolution du réseau de consommateurs en termes de consommation, mais sa mutation en d'autres types.

Intégration sur l'approche d'un réseau de consommateurs.

Recherches précédentes	**Intégration de nos résultats**
Les groupes de consommateurs étudiés selon la relation sociale (ex. famille) se structurent au niveau de la consommation selon les influences interpersonnelles (Hamilton et Biehal, 2005)	Les groupes de consommateurs étudiés selon le concept de réseau de consommateurs permettent d'associer connexions et activités de consommation. C'est notre cas d'étude

Les groupes de consommateurs étudiés selon un seul intérêt principal de consommation (marque, consommation, activité) (Cova et Cova, 2002 ; McAlexander, Schouten et Koenig, 2002 ; Muñiz et O'Guinn, 200) se structurent selon leur fonction ou expertise liée à l'intérêt commun (Celsi, Rose et Leigh, 1993 ; Cova et Cova, 2002) Cette distinction entre liens sociaux et intérêt principal de consommation rend les recherches myopes (Thomas, Price et Schau, 2013), car chaque groupe est composé de liens sociaux et de multiples liens de consommation (Weijo, Hietanen et Mattila, 2014)	Leur structuration dépend de la circulation de produits et marques qui font émerger des rôles
Aucune recherche n'étudie le changement d'un type de réseau de consommateurs à un autre La dissolution d'un type de réseau de consommateurs (ex. communauté) laisse les membres dans l'attente (Muñiz et Schau, 2005) ou les détache des liens de consommation	Quatre types de réseau de consommateurs émergent Le même groupe de consommateurs peut passer d'un type à l'autre en fonction de la circulation de produits et marques

Comme indiqué par Giesler et Thompson (2016), la théorisation des processus est liée aux relations entre les événements au fil du temps. Les événements sont une occurrence qui a une sorte de répercussion dans un réseau de relations socioculturelles. Ils peuvent varier en termes d'échelle et de signification pour des acteurs sociaux particuliers dans un réseau donné. Ils sont intégrés dans des récits qui contribuent à façonner leur dimension temporelle et symbolique. Nous avons retracé les événements sous forme d'éléments liés à la circulation de produits et marques qui s'associent et créent des dynamiques de la circulation. Ces dynamiques ont une répercussion dans le réseau au niveau des relations de consommation et de structuration informelle du réseau avec des rôles émergents et changeants des consommateurs. Pour Giesler et Thompson (2016), la transformation qui est centrée sur le consommateur examine le rôle des consommateurs dans les processus de production du processus, tandis que la transformation où le consommateur initie un événement et il est au même temps influencé par celui-ci est une transformation récursive. Les résultats de notre recherche s'approchent à la transformation récursive, car le consommateur initie la circulation (activation) et la circulation influence son réseau personnel au niveau qualitatif et d'activités de consommation.

Selon Hoffmann, Lopes et Medeiros (2014), chaque processus est composé de dimensions et dans l'étude d'un processus l'objet que le chercheur décrit et cherche à comprendre est étudié selon l'évolution ou la transformation de variables, c'est-à-dire ses dynamiques (Degeorge, 2015). Nous avons utilisé une approche qualitative, possible pour étudier les processus, afin de montrer le processus de circulation, ses dimensions, ses dynamiques et enfin les types différents de réseaux de consommateurs qui en sont dépendants.

3. UNE CIRCULATION *CONSUMER DRIVEN*

Notre recherche étudie la circulation de produits et marques dans le réseau personnel du consommateur. Dans ce sens, elle étend les recherches passées basées sur le concept de "diffusion", où l'entreprise a toujours un rôle.

En effet, le marketing a traité plusieurs thématiques liées aux différentes formes de mouvement matériel et immatériel. Les recherches sur le bouche-à-oreille et la diffusion d'un nouveau produit sont des exemples où le passage d'informations et la pénétration des produits dans un marché sont liés et le thème du mouvement est central. Pourtant, la diffusion est un processus lié à la communication (Rogers, 2003) et l'entreprise joue un rôle actif, même si partiel (Béji-Bécheur et Gollety, 2007). Notre recherche considère la circulation de produits et marques comme étant gérée par le consommateur.

La diffusion, la propagation, la transmission et les autres concepts proches de la circulation supposent un mouvement d'une source à l'autre, tandis que la circulation se caractérise par une cyclicité de mouvement, un passage de A à B et de B à A qui peut être ponctuel ou récurrent. Pour Rogers (2003), la diffusion passe par un processus de communication dans des canaux dans un système social, car le consommateur avant d'adopter l'innovation utilise les canaux informatifs dont il dispose (par exemple les relations interpersonnelles et les publicités) pour la connaître (Talke et Heidenreich, 2014).

Notre recherche fait émerger deux aspects importants qui distinguent la circulation de la diffusion ou des autres concepts voisins. Il s'agit de l'aspect symbolique et culturel que nous retrouvons dans la circulation de produits et marque et de l'importance de l'engagement logistique pour la circulation, en plus de celui informatif et de récit. Les produits et marques culturels, non globaux (locaux et nationaux) n'ont pas des canaux de distribution présents partout. Même s'ils ont une distribution territoriale étendue, ils ne sont pas toujours repérables pour tous les membres d'un réseau personnel géographiquement dispersé. Dans le cas où un groupe de consommateurs peut facilement acheter un produit ou marque, la seule communication interpersonnelle comme volet d'influence (ex. pour l'adoption) est suffisante. Autrement, le rôle logistique (passeur, point-relais) demeure important si les produits ou marques sont peu accessibles au niveau de la distribution. Il s'agit de rôles importants pour les entreprises qui n'ont pas une distribution capillaire de leurs produits et marques. Il faut penser au système économique français, qui vise à une multiplication de start-up dans le futur pour accompagner la croissance économique[13], et qu'en 2018 comptait près de 500 start-ups dans le réseau Food Tech[14]. Ces produits et marques ne couvriront pas tout de suite ou de manière homogène un territoire national ou international. S'appuyer sur ces rôles peut être avantageux.

Intégration sur les concepts de mouvement en marketing.

Recherches précédentes	**Intégration de nos résultats**
Diffusion, propagation, transmission : passage d'une source à l'autre, de A à B, même si elle se réalise selon plusieurs sources liées ou indépendantes	Passage de A à B et de B à A, mais de manière cyclique, ponctuelle ou récurrente
Circulation : passage de A à B et de B à A	La circulation se réalise selon un processus et trois phases (activation, promulgation, intégration), chacune avec des dimensions et des éléments qui se composent différemment pour former des dynamiques

[13] https://www.lesechos.fr/tech-medias/intelligence-artificielle/la-croissance-viendra-des-start-up-pas- des-grandes-entreprises-1160051
[14] https://agriculture.gouv.fr/la-foodtech-en-france-cest-pres-de-500-start

La diffusion de produits et marque passe par un processus de communication (Rogers, 2003)	La circulation de produits et marques passe par un processus qui n'est pas seulement lié à la communication (ex. engagement logistique des consommateurs)
L'entreprise a un rôle dans la diffusion de produits (Béji-Bécheur et Gollety, 2007)	La circulation est initiée, conduite et arrêtée par les consommateurs
Il n'y a pas un sens de la diffusion qui est étudié, pas de dimension symbolique et culturelle	Le sens de la circulation s'appuie sur le concept de "voyage" qui accumule de la valeur et qui n'est pas seulement logistique, mais symbolique. La valeur des produits et marques tient non seulement dans son origine et son accès difficile, mais aussi dans son voyage et son univers culturel qui devient la microculture d'un sous-réseau personnel

L'engagement logistique est un aspect de l'engagement comportemental qui n'a pas été étudié en marketing. Pourtant, il est un aspect central des dynamiques de la circulation de produits et marques entre consommateurs. De plus, les recherches précédentes ont montré comment la participation dans des groupes de consommation augmentait l'engagement des consommateurs avec le groupe, la marque et le comportement d'achat (McAlexander, Schouten et Koenig, 2002). Notre recherche montre que même avant la création de liens de consommation pour un même produit et marque avec d'autres personnes, l'engagement est présent et participe aux dynamiques de circulation qui créent et transforment le réseau de consommateurs selon quatre types. Enfin, la participation autodirigée logistique du consommateur est connue dans la littérature pour certaines activités dans le magasin (ex. *self-scanning*) ou en dehors (ex. assemblage simple des produits). Pourtant, selon les recherches précédentes, ces activités sont animées par des motivations extrinsèques (Bonneimaizon *et al.*, 2012), tandis que nos consommateurs montrent des motivations intrinsèques pour leur participation dans la distribution (logistique), comme l'attachement à un produit ou marque qui est chargée d'expression culturelle, territoriale, d'expérience du lieu par le consommateur ou de rapprochement identitaire, voire de ses origines.

Intégration sur le concept d'engagement.

Recherches précédentes	**Intégration de nos résultats**
Engagement comportemental, cognitif, émotif (Brodie *et al.*, 2013). L'engagement comportemental représente les manifestations actives du concept, y compris le partage, l'apprentissage et l'approbation des comportements (Dessart, Veloutsou et Morgan-Thomas, 2016)	L'engagement logistique est un type d'engagement comportemental important pour les dynamiques de circulation de produits et marques, mais il n'est pas étudié en marketing
La participation dans des groupes de consommateurs augmente l'engagement du	L'engagement logistique et informatif est présent même avant de créer des liens de consommation sur un produit

consommateur avec le groupe et la marque	ou marque avec l'entourage du consommateur
La participation autodirigée logistique du consommateur dans le magasin (ex. self-scanning) ou en-dehors (ex. assemblage simple des produits) est animée par des motivations extrinsèques (Bonneimaizon *et al.*, 2012)	L'engagement logistique a des motivations intrinsèques

4. UNE CIRCULATION QUI NÉCESSITE CERTAINS RÔLES DES CONSOMMATEURS

Notre travail a mis en évidence des rôles qui se distinguent de ceux étudiés dans le passé.

Par exemple, pour l'adoption et la diffusion d'un produit, le réseau social est important (Katona, Zubcsek et Sarvary, 2011) et plusieurs recherches ont cherché à comprendre la propagation de l'information dans les relations interpersonnelles et à proposer des techniques marketing utiles pour l'amplifier (Kozinets *et al.*, 2010).

Dans l'exercice du bouche-à-oreille, l'acteur clé a été identifié comme étant le leader d'opinion, ou le vecteur intermédiaire qui accélère la diffusion de l'innovation. Plusieurs rôles ont été étudiés, surtout de manière quantitative. Nous les avons présentés dans la revue de littérature.

Notre recherche fait émerger trois rôles qui sont différents de ceux identifiés auparavant : le médiateur culturel qui introduit le "nouveau" produit/marque aux membres de son réseau et en explique la culture de production et consommation ; le membre passeur qui transporte et/ou envoie par la poste les produits et marques à d'autres membres éloignés ; le membre point-relais qui collecte les commandes groupées sur un produit/marque qu'il a fait connaître dans son réseau. L'adoption d'un produit ou marque ne se réalise pas pour le fait que le consommateur a des contacts avec un grand nombre d'utilisateurs (Katona, Zubcsek et Savary, 2011), mais seulement avec au moins un de ces trois rôles. Une même personne peut avoir plus d'un de ces rôles.

Ils sont différents du "leader d'opinion" : ils n'ont ni une influence disproportionnée (King et Summers, 1970), ni un domaine d'expertise sur le produit ou marque qu'ils utilisent et dont ils parlent (Nair, Manchanda, Bhatia, 2010) et leur implication avec le produit n'est pas persistante (Venkatraman, 1989), mais plutôt intermittente, périodique. En outre, les leaders d'opinion ne sont pas toujours les innovateurs (Rogers, 2003), tandis que c'est le cas pour les trois rôles présentés : ils apportent une nouveauté, perçue comme telle par les receveurs, du moment où le produit ou marque n'est pas connu ou distribué de manière diffusée autour du lieu de vie de receveur. Ils sont différents des *market mavens* qui ont des connaissances sur des promotions et lieux d'achat plutôt que sur un produit ou marque (Feick et Price, 1987). Ils sont différents des "ambassadeurs" (Belk, 1988) ou des "ambassadeurs internationaux" (Otnes et Shapiro, 2007), car le transport d'un produit ou marque au-delà des frontières est informatif et pas matériel et pour le médiateur culturel il y a aussi un rôle de pont entre deux cultures de consommation. Il ne s'agit non plus de "missionnaires" pour commercialiser la marque dans des communautés extérieures (McAlexander, Schouten et Koenig, 2002), car les rôles que nous avons tracés agissent dans un réseau personnel et pas à l'extérieur. Ils sont différents du rôle des "avocats", car ils n'agissent pas comme des référents du nom de la marque (Fullerton, 2005). Ils sont différents des "médiateurs" qui influencent une relation dyadique (Anderson, Håkansson et Johanson, 1994), et des "*brokers*" qui relient deux nœuds/personnes non connectés directement (Burt, 1992). Dans notre recherche, les trois rôles émergés favorisent plutôt la connexion entre les personnes et les produits ou marques, grâce à leur engagement, et pas forcément des personnes.

Les rôles identifiés s'apparentent plutôt à celui du "*gatekeeper*", c'est-à-dire le rôle qui permet l'accès à des informations à l'échelle familiale (Engel, Blackwell et Miniard, 1990). Nos rôles sont importants pour l'accès. Toutefois, il ne s'agit pas seulement d'un passage d'informations. Il s'agit de faire passer aussi la culture de consommation et le produit ou marque concrètement. Dans la circulation culturelle, les préférences des consommateurs sont un facteur important pour l'importation de produits. Le terme de "proximité culturelle" (Straubhaar, 1991) est utilisé pour décrire la préférence de certains produits importés. Straubhaar (1991) affirme que les consommateurs préfèrent des produits provenant de nations avec lesquelles ils partagent des similarités culturelles. Hoskins et Mirus (1988) affirment que les produits culturels perdent leur attractivité si pour les consommateurs ils sont produits dans un contexte culturel non familier. Dans ce cadre, le rôle de médiateur culturel que nous avons présenté a de l'importance. Le médiateur culturel permet de familiariser avec un produit culturel par le partage de la consommation du produit, les cadeaux répétitifs, le récit de son expérience avec ce produit, son lieu d'achat, de production et son histoire. Tout ça permet au receveur de multiplier les contacts avec le produit, de pouvoir le comprendre selon la même perspective d'un connaisseur local.

Pour ces raisons, les rôles que nous avons présentés élargissent la littérature existante sur le sujet.

Intégration sur les rôles qui structurent un réseau.

Recherches précédentes	**Intégration de nos résultats**
Leader d'opinion, *market mavens*, ambassadeurs, missionnaires, avocats, médiateur, *brokers*, *gatekeepers* Études surtout quantitatives	Trois rôles nouveaux : Médiateur culturel : il introduit le "nouveau" produit/marque aux membres de son réseau et en explique la culture de production et consommation Passeur : il transporte et/ou envoie par la poste les produits et marques à d'autres membres éloignés

	Point-relais : il collecte les commandes groupées sur un produit/marque qu'il a fait connaître dans son réseau Étude qualitative
Leader d'opinion : ils ont une influence disproportionnée (King et Summers, 1970), de l'expertise sur le produit ou marque qu'ils utilisent et dont ils parlent (Nair, Manchanda, Bhatia, 2010) et leur implication avec le produit est persistante (Venkatraman, 1989). En outre, les leaders d'opinion ne sont pas toujours les innovateurs (Rogers, 2003) *Market mavens :* ils ont des connaissances sur des promotions et lieux d'achat plutôt que sur un produit ou une marque (Feick et Price, 1987) Ambassadeurs (Belk, 1988) ou ambassadeurs internationaux (Otnes et	Nos rôles n'ont pas une influence disproportionnée ni l'expertise sur le produit/marque et leur implication est intermittente, périodique. Ils apportent une nouveauté, perçue comme telle par les receveurs, du moment où le produit ou marque n'est pas connu ou il n'est pas distribué autour du lieu de vie de receveur Nos rôles ont des connaissances sur un produit ou marque Le passeur et le point-relais peuvent transporter un produit au-delà des frontières, mais au

Shapiro, 2007) : ils transportent un produit ou une marque au-delà des frontières au niveau informatif	niveau matériel. Le médiateur culturel peut transporter l'information du produit ou marque au-delà des frontières, mais en plus il a un rôle de pont entre deux cultures de consommation
Missionnaires : ils commercialisent la marque dans des communautés extérieures (McAlexander, Schouten et Koenig, 2002)	Nos rôles agissent dans un réseau interne, personnel, pas extérieur
Avocats : ils agissent comme des référents de la marque (Fullerton, 2005)	Nos rôles n'agissent pas comme référents du nom ou de la marque
Médiateurs : ils influencent une relation dyadique (Anderson, Håkansson et Johanson, 1994)	Nos rôles n'influencent pas une relation dyadique. Le médiateur culturel informe sur une culture de consommation
Brokers : relient deux nœuds/personnes non connectées directement (Burt, 1992)	Nos rôles ne relient pas deux personnes non connectées
Gatekeepers : ils permettent l'accès à des informations à l'échelle familiale (Engel, Blackwell et Miniard, 1990)	Nos rôles permettent l'accès, mais pas seulement à l'information ; ils permettent l'accès à la culture et au produit et marque concrètement

5. VALEUR DE RENCONTRE ET ACCUMULATION DE LA VALEUR TOUT AU LONG DU PROCESSUS DE CIRCULATION

À cause de la mobilité des consommateurs, une valeur de rencontre est apparue. Elle fait référence à la valeur de rencontre dont Urry (2007) parle en relation à des membres d'un réseau qui se rencontrent périodiquement. Nous avons repéré cette valeur, du moment où les consommateurs nous ont raconté des préparations faites avant le départ, et d'un engagement logistique qui visent à la consigne du produit ou de la marque au moment de la coprésence physique avec un ami ou une personne de la famille loin. Quand on n'a pas la possibilité de se voir physiquement toujours, les moments de coprésence physique sont attendus et accompagnés par des produits et marques à donner ou partager, et qui sont souvent achetés et stockés en attendant la rencontre. Par rapport à la valeur de lien (Cova, 1997), la valeur de rencontre est une valeur qui ressort au moment de la rencontre physique. Pendant le processus de circulation, de l'accès à l'intégration, le consommateur nous a parlé des actions et raisonnements d'achat, de l'engagement logistique et informatif et des cadeaux ou du partage en vue de la rencontre en coprésence.

La valeur a un caractère dynamique selon les phases d'interaction avec le produit. Elle peut être classée en fonction de son moment de formation dans le processus d'achat et de consommation (Rivière et Mencarelli, 2012). Alors, on peut distinguer trois types de valeurs perçus : la valeur d'achat avant l'acquisition, la valeur de magasinage inhérente à la fréquentation du point de vente (Rivière et Mencarelli, 2012), la valeur perçue au moment de la transaction ou de l'expérience d'achat, la valeur après l'achat (Woodall, 2003), la valeur perçue avant/après la consommation (Rivière et Mencarelli, 2012) et la valeur résiduelle (Woodall, 2003). Par notre recherche nous soulignons qu'elle se forme aussi tout au long du processus de circulation et elle est transvaluée (elle s'ajoute à la valeur du produit/marque) à la livraison de la commande, ou au moment du cadeau.

Pour Figueiredo et Scaraboto (2015), le processus de création de valeur se réalise dans les réseaux de consommateurs répartis géographiquement. Chaque membre du réseau peut promulguer (mise en œuvre) les pratiques de création de la valeur, mais durant les étapes suivantes il y a un rôle qui dépend des autres membres. L'intégration des résultats des pratiques apportera de la valeur au réseau et complètera le processus de création de la valeur.

Nos résultats confirment ces travaux, mais en plus offrent un autre apport : l'intégration des pratiques par les autres membres (ex. commande explicite) complète la création de valeur apportée au réseau aussi par la modification subie par le réseau.

Intégration sur la valeur.

Recherches précédentes	**Intégration de nos résultats**
Valeur de lien (Cova, 1997) : la relation est plus importante que le produit/marque	Valeur de rencontre : le produit/marque suit le processus de circulation pour le moment de la rencontre en coprésence
La valeur est dynamique et se forme lors des phases d'interaction avec le produit (Rivière et Mencarelli, 2012 ; Woodall, 2003) : Valeur d'achat avant l'acquisition Valeur de magasinage dans le point de vente Valeur perçue au moment de la transaction ou de l'expérience d'achat	La valeur se forme tout au long du processus de circulation qui devient un voyage d'accumulation de la valeur (ensuite transvaluée)

Valeur après l'achat Valeur perçue avant/après la consommation Valeur résiduelle	
L'intégration des résultats des pratiques de création de valeur apportera de la valeur au réseau et complètera le processus de création de la valeur (Figueiredo et Scaraboto, 2015)	L'intégration des pratiques de création de valeur par les autres membres (ex. commande explicite) complète la création de valeur apportée au réseau aussi par la modification subie par le réseau

6. MODES DE CIRCULATION : LE DON RÉPÉTITIF ET L'ÉCHANGE DE MARCHÉ

Notre recherche fait émerger une différence qualitative entre don ponctuel et répétitif. Le don ne serait pas en contraste ou un mode alternatif à l'échange de marché, comme affirmé par les chercheurs affiliés à la théorie sociale de Mauss. Pourtant, il semble possible que le don répétitif puisse amener le receveur à devenir consommateur d'un tel produit et marque.

Le receveur, par son appréciation à recevoir périodiquement le cadeau, permet au donneur de poursuivre dans cette pratique. Le receveur intègre périodiquement dans sa consommation le produit ou la marque reçus. Parfois, le consommateur déclenche une commande explicite après avoir reçu plusieurs fois le produit ou marque en cadeau. Dans l'esprit de certains consommateurs donneurs, ce passage est attendu et même recherché par des stratégies sur le produit qui se rapprochent à celles commerciales grâce à l'engagement du donneur (comme pour Patrick : un essai, puis un produit de base, enfin une montée en gamme qualitative). Les motivations du donneur pour passer du don à l'achat de marché médiatisé par leur engagement sont intrinsèques.

L'appréciation et encore plus l'achat du produit ou marque proposés, confirment le donneur dans son bon choix, ce qui est perçu comme une appréciation personnelle. De plus, la volonté de défense d'une certaine culture de production et une sensibilité envers les producteurs locaux peuvent motiver le donneur à "travailler" (Cova et Dalli, 2009) comme intermédiaire dans l'échange commercial. Ce n'est pas le prix l'argumentation principale qui amène à cette démarche. Donc, les motivations extrinsèques ne sont pas prioritaires dans le raisonnement des consommateurs. Il semblerait que le changement de la culture de consommation ne passe pas seulement par l'adhésion à des mouvements de consommateurs (Kozinets et Handelman, 2004), mais aussi par ces engagements dans de petits réseaux personnels, informels, sans statut, qui valorisent un produit/marque territorial et opèrent pour garantir un marché surtout à de petites entreprises. En soulignant ces aspects, nous intégrons la littérature sur la circulation des ressources, comme demandé par Arnould et Rose (2016), concernant le raisonnement mental qui organise les modes de circulation.

De plus, le sociologue Mauss (1925), qui a inspiré une large littérature marketing, affirme que « *donner quelque chose c'est donner une partie de soi [...] tandis que recevoir quelque chose c'est recevoir une partie de l'essence spirituelle de quelqu'un* » (p. 10). Le cadeau donné est une extension de l'identité du donnant (Belk, 1988). Lors d'un don, le receveur reçoit des messages positifs sur soi-même, le donneur et leur relation (Sherry, McGrath et Levy, 1992).

Par notre recherche, il émerge que dans le don il y a la coexistence d'une partie du receveur (ses goûts, ses intérêts) et de l'expérience du donneur. Celui qui donne offre une partie de son expérience de consommation, tout en prêtant attention au goût de l'autre. Celui qui reçoit, va recevoir une partie de l'expérience de consommation de l'autre, mais y retrouve des aspects de ses intérêts. Le don alimentaire est un langage « *passepartout*», « *on se trompe moins* » (réf. *verbatim*). Donc, il permet de faire passer l'expérience de consommation du donneur plus facilement. Le produit alimentaire qui circule est souvent un produit culturel qui a un sens spécifique dans le lien basé sur le partage de la culture confidentielle d'un lieu aimé, qui n'est pas forcément fréquenté par tous les membres du sous-réseau de la consommation confidentielle, mais qu'il est au moins apprécié aussi tant que le produit et marque qui proviennent de ce lieu.

Enfin, dans les recherches sur la circulation des objets on parle d'économie hybride (Corciolani et Dalli, 2014 ; Scaraboto, 2015) où les différentes pratiques collaboratives (comme le don, l'échange, le partage) alternent avec des pratiques typiquement commerciales (comme la vente). L'hybridité émerge dans des contextes de collaboration des consommateurs avec les marketeurs, les entrepreneurs et entre eux-mêmes (Scaraboto, 2015).

Dans notre recherche nous distinguons les modes de circulation (don, partage, échange) de manière différente, en suivant le caractère ponctuel ou répétitif des pratiques. Nous précisons que certains modes de circulations amènent à d'autres modes, dans une séquence temporelle (ex. le cadeau répétitif qui ensuite devient échange de marché) et que la consommation de certains produits et marques dans le réseau personnel du consommateur se réalise grâce à l'intermédiation de certains membres pour l'achat et le transport/envoi. Ce système d'approvisionnement est bien différent de la consommation conventionnelle (où il y a une relation directe et passive du consommateur avec l'entreprise), et aussi de la consommation collaborative (où le consommateur devient aussi producteur et fournisseur d'un produit ou service ; Ertz, Durif et Arcand, 2016). Le système qui émerge se pose entre les deux : il y a encore une séparation entre l'entreprise, laquelle produit et distribue et le consommateur. Toutefois, c'est par le réseau personnel et l'engagement logistique que certains consommateurs peuvent accéder ou maintenir une certaine consommation. Nous l'appelons "consommation non conventionnelle" pour le distinguer des deux autres systèmes. Intégration sur le don.

Recherches précédentes	Intégration de nos résultats
Le don est un mode alternatif à l'échange de marché et à la consommation conventionnelle (Ertz, Durif et Arcand, 2016)	Le don ne serait pas en contraste ou un mode alternatif à l'échange de marché. Le don répétitif peut amener le receveur à passer vers un échange de marché avec intermédiation du donneur ou directement. Le donneur parfois cherche ce passage. Il s'agit d'un système que nous appelons consommation non conventionnelle
Le don est une extension de l'identité du donnant (Belk, 1988)	Dans le don coexistent une partie du receveur (ses goûts, ses intérêts) et de l'expérience du donneur. Le don alimentaire est un langage universel, qui fait passer l'expérience de consommation du donneur plus facilement
Le don, partage, échange existent dans la consommation collaborative où le consommateur est au même temps fournisseur et consommateur du produit et service (Ertz, Durif et Arcand, 2016)	Le système collaboratif qui émerge dans notre recherche n'est ni conventionnel (rôle passif du consommateur), ni du domaine de la consommation collaborative (non- distinction production-consommation), mais intermédiaire. Nous

	l'appelons consommation non conventionnelle
Sur la circulation des objets, on parle d'économie hybride (Corciolani et Dalli, 2014 ; Scaraboto, 2015) : les différentes pratiques collaboratives (le don, l'échange, le partage) alternent avec des pratiques typiquement commerciales (ex. la vente)	Certains modes de circulations (don, partage) amènent à d'autres modes (échanges), dans une séquence temporelle (l'un avant l'autre)

Il serait possible un continuum entre don et échange marchand, plutôt que leur séparation ou alternance (Scaraboto, 2015). Dans notre recherche, ce passage se réalise surtout avec les liens moins étroits (ex. les amis plutôt que la famille), mais aussi avec les liens plus étroits (ex. la famille) s'il y a une dépense plus importante qu'on ne peut pas prétendre avec une certaine régularité. Le donneur est libre de réaliser ou pas une commande implicite, mais lors d'une commande explicite, s'il l'accepte, il y a un accord verbal plus engageant sur la quantité, le type de produit et marque et le prix. Toutefois, l'effort logistique demandé doit être raisonnable pour ne pas déranger le membre du réseau qui réalise l'achat et le transport (ex. une quantité importante à transporter selon le moyen de transport utilisé). Les clés de ce passage sont l'accès à une consommation autrement difficile à réaliser et le changement qualitatif des liens qui prennent la forme d'un partenariat qui permet de construirc de deux types de réseau de consommateurs (collaboratif et d'achat groupé) avec une microculture partagée dans le sous-réseau personnel. Ce passage amène à une valeur dans le réseau. La valeur microculturelle aide à définir ce qui est acceptable, important ou pas, dans une microculture (Thompson et Troester, 2002). À la différence des communautés, qui ont des valeurs partagées qui guident les activités des membres et leur donnent un sens identitaire (Schouten et McAlexander, 1995) le réseau collaboratif et d'achat partagé ont des valeurs microculturelles. Elles sont liées à l'appréciation d'un produit ou une marque, à l'engagement pour maintenir une certaine culture de production, un intérêt vers une consommation confidentielle qui leur donne souvent l'idée de consommer de l'authentique.

7. LA RELATION A L'OBJET QUI CIRCULE : UNE INTÉGRATION PAR LE CONCEPT DE VOYAGE

Les modes de circulation sont relatifs à un objet qui circule, dans notre cas des produits et des marques. La relation à l'objet a été décrite selon le sens attaché à l'objet. Les objets façonnent les pratiques de consommation et influencent les expériences et les identités des consommateurs (Mullins, 2018). De plus, par notre recherche émerge que leur circulation peut modifier un réseau de consommateurs et que l'objet (produit, marque) a un sens spécifique grâce à l'itinéraire de sa circulation et aux actions qui l'accompagnent.

La relation à l'objet et son voyage : un nouvel aspect matérialisé.

Recherches précédentes	Intégration de nos résultats
La "contamination" : les qualités immatérielles ou l'essence d'une personne passent sur un objet par un contact physique (Newman, Diesendruck et Bloom, 2011) La "totémisation" : les objets deviennent singularisés par les rituels et le pèlerinage au point d'avoir un aspect sacré (Belk, Wallendorf et Sherry, 1989) et deviennent les symboles d'un groupe	L'emboîtement : le voyage matérialise une expérience des lieux, des étapes, des efforts, des imprévus, des astuces que le consommateur fait vivre aux produits et marques qu'il fait circuler. Il s'agit d'un voyage du produit ou marque qui accumule de la valeur, pas seulement par des actions des consommateurs (transvaluation), ou par des rituels (totémisation) que

La "fétichisation" : la possession matérialise la pensée magique des consommateurs et les objets assument des pouvoirs magiques dans l'esprit des consommateurs (Fernandez et Lastovicka, 2011) La "transvaluation" : les actions créées par les consommateurs en réseau génèrent une création de valeur potentielle. La transvaluation permet l'objectivisation de la valeur potentielle créée par les actions des consommateurs (Figueiredo et Scaraboto, 2016) La "*curatorial*" : l'objet ayant un passé a du sens pour le consommateur qui fait des actions pour le préserver (Abdelrahman, Banister et Hampson, 2020)	l'on pourrait avoir pour n'importe quels produits et marques de la même microculture de consommation. Ce voyage crée l'histoire du produit et marque qui circulent. Ce n'est pas une histoire créée par l'entreprise, mais par la circulation

Un paradoxe émerge : si la valeur tient dans le voyage de produits et marques qui circulent, lorsque l'entreprise offre un accès local (ex. la Belliloise à Lille ou la chocolaterie Benoît à Paris) cette valeur pourrait être détruite. L'accès réalisé par l'entreprise à la distribution plus proche détruirait la valeur de l'engagement logistique, informatif et de récit du consommateur, les rituels et la valeur symbolique du voyage. Nous proposons une vision du concept d'accès qui n'est pas exactement celui de Rifkin (2000). Notre recherche montre l'importance du réseau pour la consommation et sur ce point, nous rejoignons la pensée de Rifkin (2000). Toutefois, pour l'auteur, le concept d'accès est une modalité de consommation en contraste avec l'économie de marché et la possession. Dans notre recherche l'accès n'est pas en contraste avec la possession. Il ne s'agit pas d'une modalité de consommation qui exclue la possession, mais d'une manière pour arriver aussi à la possession (par le don, par les commandes implicites et explicites) de produits et marques autrement peu joignables au niveau du prix, de la distribution et de la connaissance d'une culture ou microculture de consommation. L'accès est une dimension liée à la première étape du processus de circulation, le moteur qui permet de démarrer la circulation. L'accès aux produits et marques ne serait pas une consommation différente de la possession, mais une dimension qui gouverne le démarrage du processus de circulation. L'accès à toute sa valeur grâce au réseau qui permet à certains membres d'accéder à une certaine consommation, par le partage, mais aussi la possession de produits et marques. Un accès par l'entreprise (ex. diffusion des points de vente, baisse de prix) pourrait arrêter la circulation de produits et marques dans le réseau personnel. Le manque de circulation provoquerait une modification des types de réseau de consommateurs ainsi que la destruction de rôles comme celui de passeur. C'est la raison pour laquelle le consommateur pourrait ne pas bien accepter certaines actions de l'entreprise, faites pour lui proposer de la valeur.

8. LA RÉSISTANCE A L'INTÉGRATION D'UNE RESSOURCE

La littérature marketing s'intéresse à la logique *Service-Dominant*, où la valeur est cocréée par les différents acteurs. Vargo et Lusch (2008b) définissent la valeur comme une « *amélioration du système de bien-être* » (p. 149). Pour ces chercheurs, la valeur est cocréée quand le système de service (ex.les entreprises et les individus) intègre des ressources opératoires et opérantes de manière mutuellement bénéfique. L'intégration des ressources est un aspect vital pour la *S-D logic* (Vargo et Lusch, 2016). Il s'agit de processus et de formes de collaboration où les acteurs, qui sont les intégrateurs de ressources, cocréent de la valeur dans le contexte (*value in context*), utilisant des ressources opérantes (*operant* ; ex. connaissances et habilités) pour agir sur les ressources opératoires (*operand* ; Peters, Löbler et Brodie, 2014). Les recherches sur cet aspect sont rares et récentes. Elles se focalisent principalement sur les compétences qui en permettent l'intégration ; sur les aspects sociaux qui les guident ; où sur la motivation comme force pour l'utilisation des ressources opérantes (Findsrud, Tronvoll et Erdvadsson, 2018). Scaraboto et Figueiredo (2017) affirment que « *la circulation de l'objet est un puissant intégrateur de ressources* » (p.181).

Toutefois, les ressources n'ont jamais été considérées en compétition entre elles. Nos résultats montrent que la proposition de valeur par l'entreprise qui offre une expérience de magasinage intéressante pour le consommateur se pose en contraste avec l'offre d'une livraison du produit à domicile, car le consommateur ne trouve pas le même bénéfice de valeur. De même, une entreprise qui offre la disponibilité d'un produit ou marque dans d'autres marchés, grâce à une distribution géographiquement plus étendue, peut perdre l'engagement logistique du consommateur, et donc sa proposition de ressources. Il serait possible, donc, qu'une entreprise puisse proposer des ressources qui sont perçues par le consommateur comme étant en compétition entre eux, dont un choix serait fait en fonction de la ressource qui a le plus de valeur pour le consommateur. Il ne s'agirait pas d'un simple choix personnel de préférence selon des goûts individuels, mais un choix déterminé d'une motivation commune à plusieurs consommateurs interviewés : la perception d'une dissonance entre deux propositions de valeur de l'entreprise ou du distributeur comme l'expérience de magasinage, la cohérence entre lieux de distribution et produit/marque et la livraison.

Cela signifie que le consommateur pourrait ne pas intégrer une ressource. Dans la littérature on a traité de la co-destruction de valeur, vue comme l'expérience négative rencontrée par les consommateurs sur le service. Nos résultats ne montrent pas une expérience négative perçue, mais plutôt un désintérêt envers une proposition de valeur. La co-destruction de valeur « *est un processus interactionnel entre des systèmes de service (ex.*

l'entreprise et ses clients), dont le résultat est une diminution dans au moins un des deux systèmes de bien-être » (Plé et Chumpitaz Cáceres, 2010, p.431). Il se base sur les pratiques (Leclercq, Hammedi et Poncin, 2016) de mauvais usage (*misuse*), accidentel ou intentionnel, des ressources. Il *« se réfère à l'intégration et/ou à l'application des ressources disponibles par un système de service d'une manière inattendue et/ou inappropriée par l'autre système de service en interaction* ». (p.432). C'est un processus qui peut bien être conduit par le consommateur et, lors de l'interaction entre l'entreprise et le consommateur, elle dérive de l'incongruence des éléments de la pratique (ou de la congruence dans le cas de la cocréation) (Echeverri et Skålén, 2011).

Nous sommes loin de cette situation. Les consommateurs interviewés ne seraient pas seulement des cocréateurs de valeur ou des co-destructeurs de valeur. Ils peuvent être des intégrateurs, mais aussi rejeter temporairement de ressources offertes par l'entreprise (ex. livraison). Dans notre recherche, il n'y a pas un mauvais usage des ressources (l'offre de livraison de l'entreprise), mais son rejet temporaire de la part d'un potentiel intégrateur (le client). Il s'agit d'une résistance qui peut être une volonté de maintien des valeurs culturelles de la microculture d'une partie du réseau, un sous- réseau. Par exemple, un accès plus facile d'un produit ou marque grâce à l'achat à distance ou à une distribution plus capillaire, peut détruire la valeur confidentielle et méritée du produit, à la fois pour le donnant et pour le receveur, mais aussi la valeur de l'engagement logistique, de l'engagement informatif et de récit du consommateur, les rituels et la valeur symbolique du voyage. De ce fait, il devient intéressant pour l'entreprise, non seulement communiquer la proposition de valeur pour pousser sa motivation (Findsrud, Tronvoll et Erdvadsson, 2018), mais de réfléchir à ne pas mettre en compétition des offres de ressources qui puissent pousser le client à en intégrer certaines et à en refuser d'autres. Dans ce sens, il n'existerait pas seulement la création et la destruction de valeur, mais aussi son blocage. Du côté de l'entreprise, elle peut être destructrice de valeur en pensant améliorer son service, par mauvaise compréhension de la valeur perçue et générée par le consommateur. Il serait intéressant de comprendre comment débloquer la ressource proposée par l'entreprise et bloquée (refusée temporairement) par le consommateur, car perçue en compétition avec une autre.

Intégration sur l'intégration des ressources.

Recherches précédentes	Intégration de nos résultats
La valeur est cocréée quand le système de service (ex. les entreprises et les individus) intègre les ressources opératoires et opérantes de manière mutuellement bénéfique.	L'entreprise peut proposer des ressources qui sont perçues par le consommateur comme étant en compétition entre eux (ex. livraison et expérience de magasinage)
L'intégration des ressources est un aspect vital pour la *S-D logic* (Vargo et Lusch, 2016) et dépend des compétences qui en permettent l'intégration ; des aspects sociaux qui les guident ; de la motivation comme force pour l'utilisation des ressources opérantes (Findsrud, Tronvoll et Erdvadsson, 2018)	Le consommateur qui a un désintérêt envers une proposition de valeur, la refuse temporairement (ex. livraison) et choisit la ressource qui a le plus de valeur pour lui (l'achat en magasin et le transport directement ou par son entourage). Le concept de résistance à l'intégration semble émerger
Entreprises et consommateurs peuvent cocréer et co-détruire la valeur (Plé et Chumpitaz Cáceres, 2010)	Le consommateur peut intégrer ou rejeter temporairement les ressources offertes par l'entreprise. Dans ce sens, il n'existerait pas seulement la création et la destruction de

	valeur, mais aussi son blocage

La compétition perçue entre ressources proposées au consommateur pourrait être vue du point de vue de la littérature sur la résistance. La résistance du consommateur a été étudiée par rapport à l'éthique de l'entreprise par le boycott, au comportement de réclamation, aux modes de vie alternatifs, aux détournements des codes consuméristes, aux événements anticonsuméristes, à l'émission de bouche-à-oreille négatif. La résistance peut être une stratégie individuelle d'appropriation en réponse à des structures dominantes et à des discours jugés dissonants (Roux, 2009). Pour avoir une résistance, il faut un élément déclencheur, de dissonance, auquel le consommateur va réagir en adoptant des actes, mais le consommateur peut avoir une perspective sans intentionnalité de mettre en défaite la cible de ses actions (Roux, 2009).

Il y a peu d'études sur la résistance liée aux dimensions logistiques (Roux, 2009), tandis que le caractère compétitif entre ressources n'a pas été abordé ni au niveau théorique ni dans les pratiques managériales. Dans notre recherche il y a une situation duale. Parfois, il y a des consommateurs qui aimeraient commander à distance et se faire livrer par l'entreprise, mais les frais sont jugés trop élevés. Dans d'autres situations, la livraison serait possible, mais pas souhaitée par les consommateurs, car la livraison n'a pas la même valeur du voyage du produit qui démarre avec l'expérience de magasinage ou d'achat dans le contexte local de production. La livraison mettrait en cause la dimension du partage confidentiel par l'accès trop facile. Il y a une résistance à la livraison de la part des réseaux présentés, sauf le réseau d'achat groupé si le point-relais se fait livrer chez lui. Il s'agit d'un refus, même temporaire, qui est individuel et motivé par une dissonance entre la valeur de l'expérience de magasinage et d'achat contextuel et la valeur de livraison proposée par l'entreprise. Pour le réseau d'achat groupé, la dimension confidentielle tourne autour de l'approvisionnement par le point-relais qui centralise les commandes et gère la distribution aux amis et à la famille. Pour ce type de réseau, la destruction de valeur serait une distribution plus capillaire dans le territoire et donc le fait d'avoir un accès facile au produit ou marque sans besoin du point-relais. Dans ce cas, nous pensons que ce type de réseau pourrait se dissoudre ou continuer, mais sur des bases différentes : l'achat groupé serait fait pour une remise sur quantité commandée plutôt que pour avoir un accès à un produit ou marque spécifique.

9. CONCLUSION GÉNÉRALE

9.1 Contributions théoriques

Nous nous sommes intéressés au changement d'un réseau de consommateurs par le processus de circulation de produits et marques. Notre recherche s'inscrit dans la lignée des travaux portant sur la circulation des objets (Figueiredo et Scaraboto, 2016 ; Santana et Botelho, 2019) et sur les dynamiques de modification des types de réseau de consommateurs (Gambetti et Graffigna, 2015). Il s'inspire de la sociologie des mobilités (Sheller et Urry, 2006) et des assemblages sociaux (DeLanda, 2016) qui donnent de l'importance à la circulation des objets et à sa capacité de changement d'un groupe (Sayes, 2013). Dans ce travail doctoral, nous avons expliqué les spécificités du processus de circulation (dimensions et éléments de ses dynamiques) et le changement d'un réseau de consommateurs (le réseau personnel du consommateur) en termes de liens de consommation et de structuration par l'émergence de trois rôles.

Premièrement, nous avons éclairci la différence conceptuelle entre la circulation et les autres concepts proches (ex. diffusion, propagation, transmission) et montré empiriquement le processus de circulation selon son processus et ses dimensions. Deuxièmement, nous avons tracé ses dynamiques et expliqué comment elles influencent le changement d'un réseau d'un type à l'autre au niveau d'une structuration interne informelle liée à la consommation. Quatre types de réseaux de consommateurs peuvent exister dans le réseau personnel du consommateur. Il est possible d'une évolution d'un type de réseau à l'autre, mais aussi une involution en arrière en fonction des dynamiques de circulation. Faire évoluer le réseau dans un autre type ou maintenir pour éviter sa dissolution et son passage à un type moins important pour l'entreprise, dépend des dynamiques de circulation. Par évolution ou involution nous entendons une majeure ou mineure structuration et organisation du réseau de consommateurs, grâce à des rôles informels. Selon une approche qualitative, trois rôles émergent par rapport à l'engagement informatif, de récit et logistique. Ils se distinguent des autres rôles étudiés auparavant.

Notre apport conceptuel montre que la circulation des produits et des marques est un facteur qui peut modifier un réseau de consommateurs et qu'il s'agit d'un voyage qui accumule la valeur pendant son processus. Nos résultats sont un complément à la littérature qui informe sur d'autres facteurs de changement sur les dynamiques des groupes de consommateurs, comme la valeur et l'identité.

De plus, nous avons fait émerger qu'en termes de circulation, le consommateur peut faire de la résistance à l'intégration d'une ressource de l'entreprise, pour des raisons de compétition perçue entre les ressources ou pour des logiques d'organisation informelle dans la structure du réseau (ex. la reconnaissance d'un rôle informel établi). Donc, nous offrons aussi un apport conceptuel à la théorie *S-D logic* (Vargo et Lusch, 2004) basée sur l'intégration des ressources. Elles ont été étudiées selon plusieurs angles, sans pourtant discuter de la possibilité que le refus de les intégrer, même temporairement, puisse dépendre de la perception du consommateur à les considérer en compétition en termes de valeur.

Nous espérons avoir apporté un éclairage sur la transformation d'un réseau de consommateurs, selon une perspective différente : celle de la circulation de produits et marques. Les recherches en marketing affirment l'importance de la présence des réseaux de consommateurs (ex. communautés), pour les marques et l'activité de consommation (McAlexander, Schouten et Koenig, 2002). Dans notre recherche nous avons cherché à comprendre un réseau de consommateurs à partir de la circulation de produits et marques et non à partir d'un intérêt commun pour une marque ou une activité. En effet, une définition prédéterminée d'une communauté à travers un intérêt central peut facilement mener un projet de recherche à être myope (Thomas, Price et Schau, 2013).

En termes d'apports à notre discipline, en associant le cadre théorique de la sociologie des mobilités, nous avons appliqué une perspective d'étude qui part des produits et marques et leurs itinéraires de circulation. D'autres phénomènes de consommation pourraient utiliser la même perspective théorique. Les itinéraires de produits et marques marquent l'importance de la culture matérielle, permettent de connaître leur mouvement et leur inertie, dans une mobilité non linéaire et lors de temporalités, espaces et sphères sociales qui sont différents (Hahn et Weiss, 2013). Dans la recherche sur la consommation, encore peu d'études se centrent sur la mobilité des objets (produits et marques). Les recherches menées ont étudié l'attachement solide et liquide du consommateur pendant la circulation des objets (Santana et Botelho, 2019), la création de valeur grâce à leur circulation (Figueiredo et Scaraboto, 2016), l'achat (Hansson, 2015) et le maintien (Figueiredo et Uncles, 2015) d'objets lors des mobilités des personnes, et l'agencement de l'objet en relation aux pratiques (Epp et Price, 2008).

9.2 Implications managériales

Par notre recherche nous mettons en évidence deux aspects principaux : a) l'importance du processus de la circulation et ses dynamiques pour la modification de la structuration informelle d'un réseau de consommateurs ; b) le manque d'intégration des ressources, que ce soit pour une méconnaissance d'un certain comportement du consommateur par les entreprises (ex. les rôles émergés dans notre recherche) ou pour un refus du consommateur à intégrer les ressources de l'entreprise (ex. la proposition de livraison).L'apport managérial de cette recherche vise à proposer des stratégies marketing afin d'agir sur ces aspects. Nous envisageons des pratiques marketing afin l'entreprise puisse davantage développer la circulation de produits et des marques dans le réseau personnel. Pour favoriser la circulation des produits et marques effectuée entre consommateurs, on va proposer : a) une segmentation différente pour faire émerger les rôles clés de certains consommateurs ; b) la stratégie à adopter selon une perspective orientée vers la circulation ; c) comment se positionner face à des modifications du réseau des consommateurs. En effet, dans les situations où les consommateurs font circuler des produits et marques, les entreprises peuvent apporter des services de soutien (Vargo et Lusch, 2004, 2008a). Pour l'intégration des ressources des entreprises de la part du consommateur, nous allons proposer des stratégies de communication et des stratégies pour éviter un conflit entre les ressources proposées.

Notre première proposition consiste à segmenter différemment les consommateurs. L'entreprise est souvent dans la mesure de connaître, par les données déjà récoltées lors de l'activation d'une carte de fidélité, si le consommateur a une résidence différente de celle du magasin ou du producteur/distributeur. Nos participants ont souvent une carte de fidélité ou ils parlent avec le personnel de vente de leurs achats pour faire des cadeaux. Les entretiens des responsables marketing/vente montrent que les entreprises ont connaissance de ce phénomène, mais de manière superficielle et sans en connaître le potentiel et la récurrence. Ayant une carte de fidélité utilisée plusieurs fois, ce consommateur pourrait être un réel ou potentiel client sur lequel concentrer des communications hors média pour soutenir ou activer la circulation. Une autre manière d'analyser les comportements d'achats pourrait passer par la quantité achetée. Pourtant, cette analyse est réalisable selon le type de produit : si deux ou trois sacs égaux d'une marque de luxe pouvaient plus facilement faire soupçonner une commande explicite ou implicite, l'achat de quelques bouteilles de vin pourrait être confondu avec un stock personnel. Dans ce cas, c'est la relation avec le personnel de vente qui pourrait faire émerger la réelle destination des produits. Le rôle du passeur est intéressant pour les distributeurs et pour les marques. Un marketing relationnel capable de communiquer avec ce consommateur serait utile pour maintenir ou activer la circulation de produits et marques. Dans ce sens, on pourrait proposer des bons d'achat d'un produit ou marque à faire connaître à son entourage après avoir rempli un bref questionnaire. Il servira pour obtenir des informations sur son comportement, qui seront utiles pour identifier si son rôle de passeur est déjà établi et sur quels produits et marques. Une fois que le rôle est identifié, il faudra garder une certaine relation avec des consommateurs éloignés, par le biais du client passeur. Le marketing direct soigne une relation personnalisée grâce, par exemple, à des communications avec le consommateur. Dans notre cas, l'entreprise devra passer par le client passeur pour arriver au consommateur final qui est une relation sociale de son client. Il ne s'agit pas du parrainage, mais d'utiliser : a) le levier de la communication pour solliciter les raisons intrinsèques dans l'engagement logistique ; b) la stratégie de distribution du produit ou gamme de la marque. Cela n'est pas sans risque. Toutefois, du moment où l'entreprise ne rentre pas en contact direct avec ce type de consommateur final, mais que le passage d'informations et du produit ou marque se réalise par le client passeur, elle devra agir de cette manière. Au lieu d'avoir une relation directe avec des consommateurs qui vivent loin des points de distribution de ses produits et marques, l'entreprise doit les rejoindre indirectement et discrètement afin de favoriser la circulation entre consommateurs qui accumule de la valeur. La relation indirecte peut se réaliser par des promotions qui s'adressent à l'entourage du client passeur, comme des réductions sur quantité, ou par l'essai d'un nouveau produit. L'intérêt de l'entreprise est de pouvoir rentrer en communication directe, même si marginale, avec les consommateurs gérés par le client passeur. Le client point-relais est plus facilement repérable, car il se charge d'acheter et distribuer une plus grande quantité de produits et des marques par rapport au passeur. Pour ces aspects, le point-relais gère la relation entre l'entreprise et les autres consommateurs. Il peut transporter lui-même les produits et marques ou les faire livrer chez lui.

Notre deuxième proposition, composée de cinq leviers, est liée à l'orientation de l'entreprise vers la circulation de produits et de marques menée par le client passeur ou point-relais. D'abord, afin de garder un consommateur activement engagé avec la marque, nous proposons de garder un produit exclusivement présent dans le lieu d'origine de la marque ou entreprise. Cela permettra de faire continuer l'engagement logistique par le client passeur ou point-relais sur un produit pour lequel le receveur n'a pas d'accès proche en termes de distribution. La participation autodirigée logistique du consommateur est connue dans la littérature pour certaines activités animées par des motivations extrinsèques (Bonneimaizon *et al.*, 2012), tandis que nos consommateurs montrent des motivations intrinsèques pour leur participation dans la distribution (logistique) et la promotion de produits et marques. La communication de l'entreprise doit solliciter la motivation intrinsèque pour l'acheteur (ex. le bien fait du produit, son authenticité, sa typicité, sa spécificité culturelle, sa liaison au terroir) spécialement au niveau du concept d'accès à une expérience pour l'entourage de l'acheteur. Les entreprises cherchent à engager les consommateurs dans des activités de cocréation de valeur. Pour cela, il devient nécessaire de comprendre les motivations du consommateur à s'engager dans le processus de cocréation et des études complémentaires à ce sujet sont demandées (Fernandes et Remelhe, 2015). Parmi les études limitées qui existent sur les motivations à participer à la cocréation (Roberts, Hugues et Kertbo, 2014), il émerge que les motivations extrinsèques et intrinsèques peuvent et devraient être (Ind, Iglesias et Schultz, 2013) présentes ensemble. Nous avons montré que des motivations intrinsèques sont à la base de l'engagement logistique du consommateur. Toutefois, l'entreprise pourrait solliciter aussi des motivations extrinsèques (ex. des remises), pour renforcer la participation du client. Le troisième levier consiste dans la proposition d'un format de voyage apte pour le transport. L'entreprise devrait analyser, par les informations récoltées du client passeur ou point- relais, quels types de produits et marques sont transportés d'habitude par ces clients et ceux qu'ils aiment acheter pour eux et consommer à distance. Sur certains de ses produits ou gammes, l'entreprise pourrait proposer un format de voyage afin de pousser ses clients à le consommer aussi dans le lieu de destination, ou le proposer en cadeau à son entourage dans le lieu de destination. Par exemple, des biscuits pourraient être confectionnés dans des boîtes en métal qui éviteraient de les casser ; un produit frais pourrait être proposé en sous-vide et petit format dégustation transportable dans un trolley en avion. Le quatrième levier vise à développer la consommation collaborative dans la logistique. L'engagement logistique est une activité que nous avons fait émerger dans notre recherche. Ce type d'engagement comportemental est étudié dans le cadre des relations personnelles. Toutefois, il pourrait être un comportement à développer même avec des inconnus, en l'intégrant dans la consommation collaborative. En effet, la consommation collaborative a étendu, avec des inconnus, des comportements auparavant présents avec son propre entourage. Les services de logistique dans le domaine de la consommation collaborative sont déjà présents sur les marchés. Carbone, Rouquet et Roussat (2015) en identifient quatre : la logistique d'affaires (ou *business*, conduite par les entreprises), la logistique entre pairs (ou *peer-to-peer*, gérée par les consommateurs), la logistique basée sur la foule où le service logistique est central (ou *crowd-party*, qui s'appuie sur le transport conduit par les personnes, mais centralisé par une plateforme) et la logistique basée sur la foule qui souhaite modifier la distribution traditionnelle (*crowd-driven*, où les consommateurs établissent un contact avec les producteurs par une plateforme). La logique collaborative pourrait s'étendre à la mobilité de produits et marques. Il s'agit d'utiliser l'engagement logistique du consommateur pour apporter un seul produit/marque ou une quantité limitée de produits et de marques d'un lieu à l'autre sous une rémunération plus faible d'une livraison de petites quantités faites par l'entreprise. Le consommateur mobile pourrait rentabiliser son espace dans la valise ou voiture, en proposant d'acheter et transporter un certain produit ou marque qui est distribué aux alentours ou dans un certain nombre de magasins qu'il fréquente dans le lieu temporaire de résidence. Le dernier levier consiste à introduire une application de géolocalisation des expériences de consommation de produits et marques à partager. Les consommateurs communiquent oralement leurs expériences de consommation de produits et marques, l'expérience de magasinage et de contexte d'achat, ainsi que les adresses du magasin de vente ou du producteur/distributeur où ils ont acheté le produit. Parfois, ils accompagnent ces informations par une carte de visite du magasin. D'autres fois, si une personne de leur entourage se rend dans la localité où se trouve un tel vendeur de produits et marques aimées, ils leur donnent des informations pour s'y rendre ou ils les accompagnent s'ils sont sur place eux aussi. Ces comportements pourraient trouver une continuation intéressante grâce à la création d'une application de géolocalisation où le consommateur passeur ou point-relais puisse marquer la présence de ses produits/marques préférés ainsi que les adresses où les acheter. Cette application servirait de "mémoire" ludique et visuelle pour ces rôles et pourrait être partagée avec les personnes de leur entourage. Il pourrait devenir aussi un espace collaboratif, d'avis et bonnes adresses, qui est partagé avec ses propres relations. L'idée ne serait pas de réaliser une sorte de *Tripadvisor* utilisé par ses relations sociales. *Tripadvisor* aide les consommateurs dans l'orientation pour le choix d'un service de loisir lors d'un voyage, pour une expérience qui est souvent ponctuelle. Au contraire, cette application devrait être utilisée comme la poursuite d'un essai de produits et marques afin de familiariser de plus en plus le consommateur avec ces produits et marques. L'essai ponctuel n'est pas l'objectif principal de cette application, qui devrait viser plutôt à aider le passage d'information dans un réseau de consommateurs. Elle pourrait renforcer le réseau de consommateurs et être un outil stratégique pour l'entreprise : dans le cas d'une difficulté du client passeur ou point- relais à poursuivre son activité, les autres consommateurs en relation pourraient contacter directement le vendeur.

La troisième proposition vise à se positionner face aux modifications du réseau. L'entreprise a intérêt à la présence et développement d'un réseau de consommateurs. Pour cette raison, et face aux résultats de notre travail doctoral, nous proposons une série de pratiques managériales utiles dans le cas de modification du réseau. En effet, l'entreprise n'a pas forcément la possibilité de suivre ces modifications, car elles sont conduites par les consommateurs. Donc, il s'agit de mettre en place une série de pratiques afin de pouvoir se positionner dans le cas d'une évolution, mais aussi d'une dissolution d'un type de réseau à un autre. Parmi ces pratiques nous en citons certaines qui ont été traitées dans les paragraphes précédents. Nous résumons ces pratiques dans le tableau suivant.

L'utilité des pratiques managériales proposées face aux mutations possibles ou souhaitées du réseau de consommateurs.

Pratiques à mettre en place	**Utilité pour l'entreprise**
Segmentation : identifier l'effectif ou potentiel client *passeur* (ex. lieu de résidence loin du lieu de vente, mais client périodique)	Démarrer une relation commerciale pour maintenir le réseau de consommateurs lié au *passeur* (si le rôle est établi) ou déclencher une possible évolution du réseau de consommation personnelle et familiale aux types suivants
Packaging : indiquer sur l'emballage comment commander à distance et se faire livrer	Communiquer au consommateur receveur du cadeau ou qui fait une commande qui passe par le client *point relais* comment se faire livrer directement par l'entreprise. Il ne s'agit pas de dépasser le client *passeur* ou *point relais*, mais de communiquer une alternative possible au cas où ils ne peuvent plus assurer leur rôle
Livraison : baisser les frais de livraison grâce à des accords entre PME/TPE locales pour garantir au transporteur un flux de transport plus constant et une majeure quantité totale	Permettre au client du réseau de consommation personnelle et familiale, et au *passeur* et au *point relais* de consommer dans des périodes où ils ne peuvent pas assurer le transport pour

	soi et/ou les autres. On aide dans le maintien des réseaux
Logistique : s'appuyer sur la logistique collaborative des consommateurs, organisée par une plateforme de consommation collaborative, en proposant aux consommateurs d'y faire recours	Faciliter la continuation de la consommation de produits et marques aimées, mais à distance. La logistique collaborative permet d'éviter un blocage des flux dû à des difficultés du *passeur* ou *point relais* à remplir leur rôle
Application : créer ou proposer aux consommateurs l'utilisation d'une application de géolocalisation de vendeurs de produits et marques préférées	Contribuer à l'échange d'informations entre consommateurs et à renforcer le réseau de consommateurs existants
Cartes de fidélité : proposer une carte de fidélité pour les clients à mobilité répétitive, avec la possibilité d'utiliser les points pour plus de temps	Favoriser l'utilisation de la carte de fidélité même pour les clients à fréquentation périodique et leur permettre d'atteindre le prix fidélité. Garder la relation avec des clients fidèles cycliquement et en connaître mieux leur comportement par l'analyse des données de la carte
Extension du circuit de distribution : Prévoir un produit exclusif vendu seulement sur le lieu de la maison-mère de la marque	Éviter le désistement de l'engagement logistique du client *passeur* ou *point relais* si la marque est accessible grâce à une distribution dans le lieu de vie de son entourage

9.3 Implications sociétales

Notre recherche amène une réflexion sur les implications sociétales. D'abord, il y a une implication liée à l'accès à une certaine consommation. Cet accès n'est pas seulement logistique, autrement n'importe quel consommateur pourrait acheter des produits et marques à distance par exemple par internet ou en demandant une livraison à domicile par une commande à distance (par un site internet, par mail ou par téléphone). Le consommateur qui consomme quand où et ce qu'il veut (Sansaloni, 2006), ne s'applique par vraiment à tout type de consommation. Notre recherche montre qu'il y a aussi un accès à la culture de consommation, qui serait peu accessible en profondeur sans un rôle de "médiateur culturel". Il y a aussi un accès à un certain prix qu'on a seulement dans certains lieux : une consommation serait peu accessible à certains membres du réseau sans l'engagement logistique du membre passeur. Donc, l'accès est une forme de pouvoir qui peut créer des inégalités entre consommateurs. Il y a des consommateurs qui peuvent entrer dans un certain univers de consommation grâce à leur réseau personnel géographiquement dispersé, par rapport à d'autres consommateurs situés dans la même ville qui pourraient y accéder selon des parcours standards définis par l'entreprise (prix de vente officiel sur le lieu de vente dans la ville, livraison avec des frais, choix d'un produit ou marque à partir d'une évaluation basée sur les déclarations de l'entreprise ou des avis sur internet). Le concept d'accès amène, donc, des inégalités sociales qui avaient été déjà soulignées par Rifkin (2000), même s'il a traité les inégalités seulement au niveau de l'accès à la connexion et aux réseaux organisés numériquement. Nous y ajoutons aussi l'aspect du "capital en réseau" (Urry, 2007), c'est-à-dire le réseau personnel géographiquement dispersé et avec des membres mobiles d'une ville à l'autre, d'un marché à l'autre. De plus, par rapport à la vision de Rifkin (2000), pour l'accès à une certaine consommation, le réseau personnel pourrait combler d'autres inégalités, comme celles de l'accès à internet. Par exemple, si un confinement au domicile pour des raisons sanitaires fait émerger des inégalités d'accès à internet[15], même pour les achats, la consommation par le réseau n'est pas potentiellement affectée si le membre "passeur" est situé sur place. Il a la possibilité d'acheter un produit ou marque sur place et de l'envoyer par la poste à d'autres membres de son réseau personnel. Il s'agit d'une pratique que nous avons tracée dans notre recherche. Du moment où la grande partie de produits qui circulent parmi nos participants est alimentaire, que l'activité de cuisine est une de plus importante pendant un confinement, mais que l'approvisionnement peut être plus difficile[16], ces pratiques seraient pertinentes. Pourtant, si le membre "passeur" se déplace dans une autre ville, région ou nation pour apporter des produits et marques, un confinement impacte négativement ce rôle. Ensuite, les entreprises avec moins de visibilité sur le web et les petites entreprises familiales avec moins de compétences en marketing et dans le commerce digital ne seraient pas mises en valeur par les parcours standards d'achat à distance et de livraison. Pourtant, les TPE et les PME sont le tissu économique français et emploient la moitié de la masse salariale en France[17]. Dans le secteur agroalimentaire, le 98% des entreprises sont des TPE ou PME[18]. Les pratiques de consommation qui ont émergé de notre recherche permettent d'élargir leur marché, de se faire connaître à d'autres consommateurs plus loin. Ces pratiques aident spécialement les TPE et les PME tout en respectant leur identité et capacité de production. Il ne s'agit pas de devenir une entreprise globale et vendre à tout le monde, mais d'améliorer leur marché, permettre leur survie et leur croissance tout en respectant leur identité territoriale.

[15] Source : https://www.latribune.fr/technos-medias/telecoms/le-confinement-un-puissant-revelateur- des-inegalites-d-acces-a-internet-843186.html

[16] Selon une étude de Santé Publique France pendant le confinement, les foyers tricolores ont « *redécouvert le plaisir de cuisiner* » chez eux, mais ils ont eu aussi des soucis d'approvisionnement de produits. Source : https://www.santepubliquefrance.fr/presse/2020/confinement-quelles-consequences-sur-les-habitudes-alimentaires

[17] Source : https://solutions.lesechos.fr/compta-gestion/c/barometre-des-tpe-pme-dans-leconomie- francaise-en-2019-19385/

[18] Source : https://agriculture.gouv.fr/l-accelerateur-pme-agroalimentaire-accelerer-la-croissance-et-lacompetitivite

Enfin, la dernière réflexion sociétale concerne l'aspect environnemental. La mobilité des consommateurs, leur engagement logistique même par l'envoi postal et la livraison à distance s'accompagnent d'une augmentation des déplacements de produits et marques qui se réalisent par des moyens de transport souvent polluant (ex. voitures, camions, avions). Pourtant, l'augmentation de l'achat à distance grâce aux habitudes d'une génération jeune qui pourrait continuer dans cette pratique même en âge plus adulte[19], ou à des situations exceptionnelles (Covid19) qui peuvent pousser temporairement ou durablement vers la livraison au domicile nous posent un problème de changement de comportements qui vont bien au-delà des pratiques émergées dans notre recherche. Il s'agit d'un enjeu futur à large échelle sur lequel il faudra réfléchir. Sur ce point, nous proposons deux pistes. La première concerne une optimisation de la logistique, par exemple grâce à la création de regroupements de commandes et de l'utilisation de l'aide logistique des consommateurs qui pourraient proposer des espaces de stockage sur l'exemple de ce qui arrive pour les magasins de proximité. La deuxième concerne l'utilisation de moyens de transport avec des systèmes peu polluants. Cet aspect, souvent poussé par une politique économique appropriée, semble être un objectif dans le futur prochain[20].

9.4 Limites et voies de recherche

Notre travail présente inévitablement des limites qui pourraient devenir des pistes fécondes pour un programme de recherche futur. Une première limite de notre travail porte sur le choix du réseau de consommateurs. Nous avons choisi le réseau personnel du consommateur, qui était pertinent pour notre travail du moment où on dépassait la conception d'un groupe de

---

[19] Sources : A) https://www.lemonde.fr/economie/article/2019/09/24/les-jeunes-francais-plebiscitent- l-achat-d-habillement-sur-le-net_6012795_3234.html ; B) https://www.lesechos.fr/idees- debats/cercle/e-commerce-alimentaire-le-big-bang-des-courses-en-ligne-a-commence-131194 ; C) https://www.jeunesetmedias.ch/fr/themes/acheter-telecharger.html

[20] Source : https://www.ademe.fr/entreprises-monde-agricole/reduire-impacts/optimiser-transports-marchandises

consommateurs basé sur un seul intérêt de consommation. Toutefois, d'autres recherches peuvent être conduites dans des communautés, tribus, sous-cultures, familles nucléaires en cohabitation ou à distance. Par exemple, Epp, Schau et Price (2014) ont étudié les pratiques à distance et médiatisées pour maintenir la même consommation de produits, de marques et d'activités, mais sans explorer la circulation des nouveaux produits, marques et activités que le membre familial à distance a fait connaître. De plus, on pourrait étudier le réseau personnel, mais en entier, avec aussi la participation des autres membres du réseau pour voir quelle est l'adéquation aux liens ou lieux des sous-groupes de consommation, en suivant la circulation de produits et marques dans le temps.

Une deuxième limite est liée à la collecte des données. Nous avions un échantillon de personnes adultes ayant un réseau personnel étendu essentiellement en Europe (France, Italie, Suisse et Angleterre). Des recherches ultérieures pourraient explorer la circulation à une différente ou plus grande échelle géographique et se baser sur des participants plus jeunes (ex. réseau d'étudiants internationaux).

Enfin, nous avons exploré la circulation de produits et marques pour comprendre son processus, sans nous centrer sur un produit ou marque précise. Ce choix est pertinent par rapport à notre approche qui s'éloigne d'une perspective de consommation basée sur l'intérêt pour un seul produit ou marque. Toutefois, d'autres recherches pourraient étudier la consommation d'une marque spécifique, un produit ou une constellation de produits définie ainsi que des objets qui circulent en dehors du champ marketing habituel par exemple entre deux résidences (ex. des plantes, des objets de la maison, des photos, des petits travaux artistiques des enfants).

Plusieurs recherches pourraient poursuivre notre travail. D'abord, il serait intéressant d'étudier le processus d'intégration d'un "nouveau[21]" produit ou marque selon la perspective du receveur, jusqu'au moment où il devient une consommation

[21] Nous précisons qu'au sens de Rogers (2003), le produit est considéré comme nouveau par un consommateur, par le receveur par exemple, s'il est perçu comme différent lors du premier contact avec le produit.

habituelle, périodique ; ou le changement de rôle du receveur s'il commence à faire connaître et circuler lui-même activement le produit. Enfin, on pourrait appliquer la rivalité de l'accès entre consommateurs (Lamberton et Rose, 2012) à notre domaine d'étude et vérifier s'il y a des tensions qui émergent.

RÉFÉRENCES

Ahuvia A.C. (1992), For the love of money: materialism and product love, in F. Rudman et M. L. Richins (coord.), *Meaning, measure, and morality of materialism*. Provo, UT, The Association for Consumer Research, 188-198.

Ahuvia A.C. et Rauschnabel P.A. (2013), Social consumption theory: Influences between consumer brand relationships and interpersonal relationship, *Consumer Brand Relationship*, Boston, MA, USA, Simmons University.

Allard-Poesi F. (2003), Sens collectif et construction collective de sens, in B. Vidaillet (coord.) *Le sens de l'action. Karl E. Weick : sociopsychologie de l'organisation*, Paris, Vuibert, pp.91-114

Allard-Poesi F. et Perret V. (2014), Fondements épistémologiques de la recherche, in R.-A. Thiétard, *Méthodes de recherche en management*, Paris, Dunod, 14-46.

Anadón M. et Guillemette F. (2007), La recherche qualitative est-elle nécessairement inductive ? *Recherches qualitatives*, (Hors-série, 5), 26-37.

Anderson J.C., Håkansson H. et Johanson J. (1994), Dyaditic Business Relationship within a Business Network Context, Journal *of Marketing*, 58, 4, 1-15.

Antón C., Camarero C., et Gil F. (2013), The culture of gift giving: What do consumers expect from commercial and personal contexts? *Journal of Consumer Behaviour,* 13,1, 31–41.

Armstrong G.M., Kotler P., Harker M.J. et Brennan R. (2018), *Marketing: an introduction*, London, Pearson.

Arnould E.J. et Rose A.S. (2016), Mutuality: Critique and substitute for Belk's sharing, *Marketing Theory*, 16,1, 75–99.

Arsel Z. (2017), Asking questions with reflexive focus: A tutorial on design and conducting interview, *Journal of Consumer Research*, 44, 4, 939–948.

Askegaard S. (2015), Consumer Culture Theory (CCT), *The Wiley Blackwell Encyclopedia of Consumption and Consumer Studies,* 1–4.

Askegaard S. et Linnet J. T. (2011), Towards an Epistemology of Consumer Culture Theory: Phenomenology and the Context of Context, *Marketing Theory*, 11, 4, 381- 404.

Aurier P., Evrard Y. et N'Goala G. (2004), Comprendre et mesurer la valeur du point de vue du consommateur, *Recherche et Applications en Marketing*, 19,3, 1-20.

Bagozzi R.P. (1975), Marketing as exchange, *Journal of Marketing*, 39,10, 32-39.

Bardhi F. et Eckhardt G.M. (2017), Liquid Consumption, *Journal of Consumer Research*, 44, 3, 582-597.

Bardhi F., Eckhardt G.M. et Arnould E.J. (2012), Liquid relationship to possession, *Journal of Consumer Research*, 39, 3, 510-529.

Barney J.B. (1995), Looking Inside for Competitive Advantage, *Academy of Management Executive*, 4, 49-61.

Bartlett R. et Milligan C. (2015), *What is a diary method,* London, Bloomsbury Academic.

Battais L. (2003), L'efficacité des actions de marketing direct sur les marchés de grande consommation : l'expérience BehaviorScan en France et en Allemagne, *Décisions Marketing*, 30, 63-75.

Bauman Z. (2000), *Liquid Modernity*, Cambridge, Polity Press.

Béji-Bécheur A. et Gollety M. (2007), Lead user et leader d'opinion : deux cibles majeures au service de l'innovation, *Décisions Marketing*, 48, 4, 21-34.

Béji-Bécheur A., Ourahhmoune N. et Özçağlar-Toulouse N. (2014), The polysemic meanings of couscous consumption in France, *Journal of Consumer Behaviour*, 13, 196-203.

Belk R.W. (1988), Possessions and the Extended Self, *Journal of Consumer Research*, 15, 2, 139-168.

Belk R.W. (2004), Tourist Photos: Signs of Self, 23-minute video, *Odyssey Films*, Salt Lake City, UT.

Belk R.W. (2010), Sharing, *Journal of Consumer Research,* 36, 5, 715–734.

Belk R.W. (2011), Le concept de don, in M. Bergadaà, M. Le Gall-Ely et B. Urien, *Don et pratiques caritatives*, Bruxelles, Editions deBoeck Université, 19–33.

Belk R. et Coon G. (1993), Gift Giving as Agapic Love: An Alternative to the Exchange Paradigm Based on Dating Experiences, *Journal of Consumer Research*, 20, 393-417.

Belk R.W., Caldwell M., Devinney T.M., Eckhardt G., Henry P., Kozinets R. et Plakoyannaki E. (2018), Envisioning consumers: How videography can contribute to marketing knowledge, *Journal of Marketing Management,* 34, 5-6, 432-458.

Belk R.W. et Kozinets R.V. (2005), Videography in marketing and consumer research, *Qualitative Market Research: An International Journal*, 8, 2, 128–141.

Belk R.W., Wallendorf M. et Sherry J.F. (1989), The Sacred and the Profane in Consumer Behavior: Theodicy on the Odyssey, *The Journal of Consumer Research,* 16, 1, 1–38.

Bertaux D. (2010), *L'enquête et ses méthodes : le récit de vie*, Paris, Armand Colin.

Bettany S. (2007), The Material Semiotics of Consumption or Where (and What) are the Objects in Consumer Culture Theory? in R.W. Belk et J.F. Sherry (coord.), *Consumer Culture Theory Research in Consumer Behavior*, Volume 11, Emerald Group Publishing Limited, 41-56.

Blanchet A. et Gotman A. (2010), *L'enquête et ses méthodes : l'entretien*, Paris, Armand Colin.

Bogner A. et Menz W. (2009), The theory-generating expert interview: Epistemological interest, forms of knowledge, interaction, in A. Bogner, B. Litting et W. Menz (coord.), *Interviewing experts*, Houndmills et New York, Palgrave Macmillan, 43-80.

Bonnemaizon A., Cadenat S., Benoit-Moreau F. et Renaudin V. (2012), Client « exécutant », « assistant marketing opérationnel », « relais » ou « apporteur de solutions » : dis-moi ce que tu fais, je te dirai qui tu es ! *Management & Avenir*, 2, 52, 175-193.

Brodie R.J., Ilic A., Juric B. et Hollebeek L. (2013), Consumer engagement in a virtual brand community: an exploratory analysis, *Journal of Business Research*, 66, 1, 105-114.

Brodin O. et Scarano M.C. (2018), La mobilité récursive dans un réseau personnel translocal : une mobilité hors consommation liquide ? *Journées Normandes de la Recherche sur la Consommation*, Université de Rouen. Rouen, 22-23 novembre 2018, France.

Brown C., Costley C., Friend L. et Varey R. (2010), Capturing their dreams: Video diaries and minority consumers, *Consumption Markets & Culture,* 13, 4, 419-436.

Bruner J. (1991), The Narrative Construction of Reality, *Critical Inquiry*, 18, 1-21.

Bundy L. et Peñaloza L. (2014), Cooking power or pressure cooking? Une perspective de genre sur l'acculturation alimentaire des expatriés professionnels britanniques à Toulouse, *Actes du Congrès de l'Association Française de Marketing*, Montpellier.

Burt R.S. (1992), *Structural Holes*. Cambridge, MA, Harvard University Press.

Canniford R. (2011), A typology of consumption communities, *Research in Consumer Behavior*, 13, 57–75.

Carbone V., Rouquet A. et Roussat C. (2016), Emporté par la foule - Quelles logistiques pour la consommation collaborative ? *Revue française de gestion*, 42, 258, 105-122.

Celsi R.L., Rose R.L., et Leigh T.W. (1993), An exploration of high-risk leisure consumption through skydiving, *Journal of Consumer Research*, 20, 1, 1–23.

Celuch K.G., Bantham J.H.et Kasouf C.J. (2006), An extension of the marriage metaphor in buyer–seller relationships: An exploration of individual level process dynamics, *Journal of Business Research*, 59, 5, 573-581.

Charmaz K. (2006), *Constructing grounded theory: A practical guide through qualitative analysis*, Thousand Oaks, CA, Sage.

Charton-Vachet, F. et Lombart C. (2015), Nouvelle approche conceptuelle et opérationnelle du lien entre un individu et sa région : l'appartenance régionale, *Recherche et Applications en Marketing*, 30, 1, 52-80.

Chauvin P.M. et Reix F. (2013), Intérêts et difficultés de l'usage des ressources visuelles comme outils de recherche en sciences sociales, in R. Hamus-Vallée (coord.), *CinémAction, Sociologie de l'image, sociologie par l'image*, 147, Charles Corlet, Condé-sur-Noireau, 149-156.

Clarke P. (2006), Christmas gift giving involvement, *Journal of Consumer Marketing*, 23, 5, 283-291.

Cova B. (1997), Community and consumption: Towards a definition of the "linking value" of product or services, *European Journal of Marketing*, 31, 3/4, 297–316.

Cova B. et Cova V. (2002), Tribal Marketing: The Tribalisation of Society and its Impact on the Conduct of Marketing, *European Journal of Marketing*, 36, 595–620.

Cova B. et Dalli D. (2009), Working consumers: the next step in marketing theory? *Marketing Theory*, 9, 3, 315-339.

Cova B. et Salle R. (2008), Marketing solutions in accordance with the SD logic: Co- creating value with customer network actors, *Industrial marketing management*, 37, 3, 270-277.

Creswell J. W. et Miller D. L. (2000), Determining validity in qualitative inquiry, *Theory into practice*, 39, 3, 124-130.

Degeorge J. (2015), Méthodologie qualitative et processus : deux frontières de la recherche en entrepreneuriat, *Revue de l'Entrepreneuriat*, 14,1, 7-13.

DeLanda M. (2016), *Assemblage Theory*, Edimburgh, Edinburgh University Press.

Demangeot C., Broeckerhoff A., Kipnis E., Pullig C. et Visconti L.M. (2015), Consumer mobility and well-being among changing places and shifting ethnicities, *Marketing Theory*, 15, 2, 271-278.

Denzin N.K. et Lincoln Y. S. (2013), *Strategies of qualitative inquiry*, Los Angeles, Sage Publications Inc.

Dey I. (1999), *Grounding grounded theory: Guidelines for qualitative inquiry*, San Diego, CA, Academic Press.

Dessart L., Veloutsou C. et Morgan-Thomas A. (2016), Capturing consumer engagement: Duality, dimensionality and measurement, *Journal of Marketing Management*, 32, 5–6, 399–426.

Dion D. (2007), The Contribution made by Visual Anthropology to the Study of Consumption Behavior. *Recherche et Applications en Marketing,* 22, 1, 61–79.

Dion, D., Sitz, L., & Rémy, É. (2012). Légitimité et authenticité des affiliations ethniques : le cas du régionalisme. *Recherche et Applications en Marketing*, *27*(1), 59-77.

Divard R. et Robert-Demontrond P. (1997), La nostalgie : un thème récent dans la recherche marketing, *Recherche et Applications en Marketing*, 12, 4, 41-62.

Durgee J. et Sego T. (2001), Gift-giving as a metaphor for understanding new products that delight, in M.C. Gilly et J. Meyers-Levy (coord.), *Advances in Consumer Research,* 28, 64–9.

Eagar T. et L'Espoir Decosta P. (2018), The nomadic consumption community: the recursive role of space in community mobility, *Journal of Marketing Management*, 34, 7-8, 569-591.

Echeverri P. et Skålén P. (2011), Co-creation and co-destruction: A practice-theory based study of interactive value formation, *Marketing theory*, 11, 3, 351-373.

Eckhardt G.M., Bengtsson A. et Caldwell M. (2010), Naturalistic group interviewing in China, *Qualitative Market Research: An International Journal,* 13, 1, 36–44.

Engel J.F., Blackwell R.D. et Miniard P W. (1990), *Consumer behavior,* Chicago, Dryden Press.

Epp A.M. et Price L.L. (2008), Family identity: a framework of identity interplay in consumption practices, *Journal of Consumer Research*, 35, 1, 50-70.

Epp A.M. et Price L.L. (2011), Designing solutions around customer network identity goals, *Journal of Marketing*, 75, 2, 36-54.

Epp A.M., Schau H.J. et Price L.L. (2014), The Role of Brands and Mediating Technologies in Assembling Long-Distance Family Practices, *Journal of Marketing*, 78, 3, 81–101.

Epp A.M., et Price L.L. (2010), The Storied Life of Singularized Objects: Forces of Agency and Network Transformation, *Journal of Consumer Research*, 36, 820–837.

Ertz M., Durif F. et Arcand M. (2016), Collaborative consumption: conceptual snapshot at a buzzword, *Journal of Entrepreneurship Education*, 19, 2, 1-23.

Evrard Y., Pras B. et Roux E. (2003), *Market : Etudes et recherche en marketing*, Paris, Dunod.

Feick L.F. et Price L.L. (1987), The market maven: A diffuser of marketplace information, Journal *of Marketing*, 51, 1, 83-97.

Fernandes T. et Remelhe P. (2015), How to engage customers in co-creation: Customers' motivations for collaborative innovation, *Journal of Strategic Marketing*, 24, 1-16.

Ferrandi J-M (2013), De la tarte aux pommes de Mamie aux carambars : quand nostalgique ne rime pas nécessairement avec authentique, *Management & Avenir*, 6, 64, 143-166.

Figueiredo B. et Scaraboto D. (2013), Move it along: toward an understanding of value creation in object circulation, in G. Cornelissen, E. Reutskaja et A. Valenzuela (coord.), *European Advances in Consumer Research*, Volume 10, Duluth, MN, Association for Consumer Research, 122-123.

Figueiredo B. et Scaraboto D. (2015), Extending the Sociocultural Perspective on Value Creation: the Role of Object Circulation in Consumer Collectives, in K. Diehl et C. Yoon, *Advances in Consumer Research*, Volume 43, Duluth, Association for Consumer Research, 522-523.

Figueiredo B. et Scaraboto D. (2016), The systemic creation of value through circulation in collaborative consumer network, *Journal of Consumer Research*, 43, 4, 509-533.

Figueiredo B. et Uncles M. (2015), Moving across time and space: temporal management and structuration of consumption in conditions of global mobility, *Consumption, Markets & Culture*, 18, 1, 39-54.

Findsrud R., Tronvoll B. et Edvardsson B. (2018), Motivation: The missing driver for theorizing about resource integration, *Marketing Theory*, 18, 4, 493–519.

Flacandji M. et Krey N. (2020), Remembering shopping experiences: The Shopping Experience Memory Scale, *Journal of Business Research*, 107, 279-289.

Flick U. (2018), An introduction to qualitative research, London, Sage Publications Ltd.

Forest J. (2018), *Rationalité créativité et innovation*, London, Iste editions.

Fullerton G. (2005), The impact of brand commitment on loyalty to retail service brands, *Canadian Journal of Administrative Sciences*, 22, 97–110.

Gambetti R.C. et Graffigna G. (2015), Value co-creation between the 'inside' and the 'outside' of a company: Insights from a brand community failure, *Marketing Theory*, 15, 2, 155–178.

Ganesh Pillai R. et Krishnakumar S. (2019), Elucidating the emotional and relational aspects of gift giving, *Journal of Business Research,* 101, 194–202.

Giannelloni J.L. et Cova V. (2010), Vers une approche de l'hospitalité au travers d'une mesure du concept de « Chez-soi ». Etapes préliminaires, *9èmes Journées Normandes de Recherche sur la Consommation,* Rouen.

Giesler M. et Thompson C.J. (2016), Process Theorization in Cultural Consumer Research, *Journal of Consumer Research*, 43, 4, 497–508.

Giordano, J. L. (2006). *L'approche qualité perçue.* Ed. d'Organisation.

Glaser B. et Holton J. (2004), Remodeling grounded theory. *Forum: Qualitative Social Research,* 5, 2, art. 4. Accessed 29 January 2012 from: http://www.qualitative-research.net/index.php/fqs/article/view/607/1315.

Glaser B. et Strauss A.L. (1967), *The Discovery of Grounded Theory: Strategies for Qualitative Research*, Aldine Publishing Company, Chicago.

Glaw X., Inder K., Kable A. et Hazelton M. (2017), Visual methodologies in qualitative research: autophotography and photo elicitation applied to mental health research, *International Journal of Qualitative Methods*, https://doi.org/10.1177/1609406917748215

Gohier C. (2004), De la démarcation entre critères d'ordre scientifique et d'ordre éthique en recherche interprétative, *Recherches qualitatives,* 24, 3-17.

Gordon-Finlayson A. (2010), QM2: Grounded theory, in M. A. Forrester (coord.), *Doing qualitative research in psychology*, London, Sage, 154–176.

Goudarzi K. et Rouquet A. (2013), Les rôles des clients dans la logistique de distribution des produits, *Décisions Marketing*, 69, 111-116.

Groeben N. (1990), Subjective theories and the explanation of human action, in G. R. Semin et K. J. Gergen (coord.), *Inquiries in social construction. Everyday understanding: Social and scientific implication, Thousand* Oaks, CA, Sage Publications Inc., 19-44.

Guercini S. et Cova B. (2018), Unconventional entrepreneurship, *Journal of Business Research*, 92, 385-391.

Gummesson E. (2007), Access to reality: observations on observational methods, *Qualitative Market Research: An International Journal,* 10, 2, 130-134.

Hahn H. P. et Weiss H. (2013), *Mobility, meaning and transformations of things: Shifting contexts of material culture through time and space*, Barnsley, Oxbow Books.

Hamilton R.W. et Biehal G.J. (2005), Achieving Your Goals or Protecting Their Future? The Effects of Self- View on Goals and Choices, *Journal of Consumer Research*, 32, 277–83.

Hansson N. (2015), "Mobility-things" and consumption: conceptualizing differently mobile families on the move with recent purchases in urban space, *Consumption Markets & Culture*, 18, 1, 72-91.

Harper D. (2002), Talking about pictures: a case for photo elicitation, *Visual Studies*, 17,1, 13-26.

Hart E.W. et Jacoby J. (1973), Novelty, recency, and scarcity as predictors of perceived newness, *Proceedings of the 81st annual conference of the American Psychological Association*, 839-840.

Hermans. H. J. (2003). The construction and reconstruction of a dialogical self. *Journal of constructivist psychology*, *16*(2), 89-130.

Hoffmann V. E., Lopes G. S. C. et Medeiros J. J. (2014), Knowledge transfer among the small businesses of a Brazilian cluster, *Journal of Business Research*, 67, 5, 856- 864.

Hollebeek L.D., Glynn M.S. et Brodie R.J. (2014), Consumer brand engagement in social media: conceptualization, scale development and validation, *Journal of Interactive Marketing*, 28, 2, 149-165.

Holzweber M., Mattsson J. et Standing C. (2015), Entrepreneurial business development through building tribes, *Journal of Strategic Marketing*, 23, 7, 563- 578.

Hoskins C. et Mirus R. (1988), Reasons for the US dominance of the international trade in television programmes, *Media, Culture & Society*, 10, 4, 499-515.

Howard D.J. et Kerin (2004), The Effects of Personalized Product Recommendations on Advertisement Response Rates: The "Try This. It Works!" Technique, *Journal of consumer psychology,* 14, 3, 271-279.

Ind N., Iglesias O. et Schultz M. (2013), Building Brands Together: Emergence and outcomes of co-creation, *California Management Review*, 55, 3, 5- 26.

Jean Conti D. (2006), Marketing a company by telling customer stories: Real solutions for real problems, *Public relations Tactics*, 22.

Jolivot A.-G. (2013), *Marketing international*, Paris, Dunod.

Katona Z, Zubcsek P.P et Sarvary M. (2011), Network Effects and Personal Influences: The Diffusion of an Online Social Network, *Journal of Marketing Research*, 48, 3, 425-443.

Katz E. et Lazarsfeld P. (2008), *Influence personnelle*, Paris, Armand Colin. Kaufmann J.C. (1996), *L'entretien compréhensif*, Paris, Nathan.

King C. W. et Summers J. O. (1970), Overlap of opinion leadership across consumer product categories, *Journal of Marketing Research, 7,* 1, 43–50.

Knoblauch H., Tuma R. et Schnettler B. (2014), *Videography. Introduction to interpretive videoanalysis of social situations*, Frankfurt, Peter Lang.

Kozinets R.V., Biraghi S., Gambetti R.C. et Saucet M. (2017), Instant networking: when relationships are collapsing, *9th ICR (Interpretive Consumer Research) Workshop*, Stockholm, Sweden, 26-29 Avril.

Kozinets R.V, de Valck K., Wojnicki A.C. et Wilner S.J.S. (2010), Networked Narratives: Understanding Word-of-Mouth Marketing in Online Communities, *Journal of Marketing*, 74, 2, 71–89.

Lamberton C.P. et Rose R.L. (2012), When is ours better than mine? A framework for understanding and altering participation in commercial sharing systems, *Journal of Marketing*, 76, 4, 109-125.

Leclercq T., Hammedi W. et Poncin I. (2016), Dix ans de co-création de valeur : une revue intégrative, *Recherche et Applications en Marketing*, 31, 3, 29-66.

Lincoln, Y. (1985). *Naturalistic inquiry*. Sage.

Littlefield J. et Ozanne J. L. (2011) Socialization into consumer culture: Hunters learning to be men, *Consumption Markets & Culture*, 14, 4, 333–360.

Lofland J., Snow D., Anderson L. et Lofland L. H. (2006), *Analyzing social settings: A guide to qualitative observation and analysis* (4th ed.), Belmont, CA, Thomson Wadsworth.

Marcoux J. (2009), Escaping the gift economy, *Journal of Consumer Research*, 36, 4, 671-685.

Marcus G. E. (1995), Ethnography in/of the World System: The Emergence of Multi- Sited Ethnography, *Annual Review of Anthropology*, 24, 1, 95-117.

Masset J. et Decrop A. (2016), "God, I have so many ashtrays!" Dependences and dependecies in consumer-possession relationships, *Journal of Business Research*, 69, 1, 94-109.

Mauss M. (1925), *The gift: Form and functions of exchange in archaic societies*, New York, Norton and Co.

McAlexander J.H., Schouten J.W. et Koenig H.F. (2002), Building brand community, *Journal of Marketing*, 66, 1, 38-54.

McCracken G. (1988), *The Long Interview, Qualitative Research Methods*, Newbury Park, Sage.

Michaud-Trévinal A. (2011), Expérience de magasinage et appropriation des espaces commerciaux, *Management & Avenir*, 47, 7, 240-259.

Miles M. B., Huberman A. M. et Saldaña J. (2013), *Qualitative Data Analysis*, Thousand Oaks, CA, Sage.

Mishler E. G. (1986), Research interviewing: Context and narrative, Cambridge, MA, Harvard University Press.

Mitchell, V. W., & Harris, G. (2005). The importance of consumers' perceived risk in retail strategy. *European Journal of marketing*, *39*(7/8), 821-837.

Molesworth M. et Suortti J.-P. (2002), Buying cars online: The adoption of the web for high-involvement, high-cost purchases), *Journal of Consumer Behaviour*, 2, 2, 155 – 168.

Mullins P. R. (2018), The materiality of consumer culture, in O. Kravets, P. Maclaran, S. Miles, et A. Venkatesh (coord.), *The SAGE handbook of consumer culture* (pp. 351–364), London, Sage.

Muñiz A.M. et O'Guinn T.C. (2001), Brand Community, *Journal of Consumer Research*, 27, 412–432.

Muñiz A.M. et Schau H.J. (2005), Religiosity in the abandoned Apple Newton brand community, *Journal of Consumer Research*, 31, 737–747.

Munn N. (1986), *The Fame of Gawa: A Symbolic Study* of *Value Transformation in a Massim Society,* Cambridge, Cambridge University Press.

Muskat B., Muskat M. et Zehrer A. (2018), Qualitative interpretive mobile ethnography, *Anatolia: An International Journal of Tourism and Hospitality Research*, 29, 1, 98–107.

Nair H.S, Manchanda P. et Bhatia T. (2010), Asymmetric social interactions in physician prescription behavior: The role of opinion leaders, *Journal of Marketing Research*, 47, 5, 883-895.

Neilson L.A. (2010), Boycott or buycott? Understanding political consumerism, *Journal of Consumer Behaviour,* 9, 3, 214–227.

Newman G.E., Diesendruck G. et Bloom P. (2011), Celebrity Contagion and the Value of Objects, *Journal of Consumer Research,* 38, 2, 215–28.

Norris F.H., Stevens S.P., Pfefferbaum B., Wyche K.F. et Pfefferbaum R.L. (2008), Community resilience as a metaphor, theory, set of capacities, and strategy for disaster readiness, *American Journal of Community Psychology*, 41, 1/2, 127-150.

Odou P. (2005), L'heuristique d'ancrage et d'ajustement comme mode d'évaluation d'un produit nouveau, *Recherche et Applications En Marketing*, 20, 3, 21–38.

Otnes C.C. (2018), Re-presenting, Reinvigorating and Reconciling: Gift-giving Research within et beyond the CCT Paradigm, in O. Kravets, P. Maclaran, S. Miles, A. Venkatesh (coord.), *The SAGE Handbook of Consumer Culture*, Sage Publications Ltd, London, p. 214-234.

Otnes C.C. et Shapiro E.N. (2007), How brand collecting shapes consumer's brand meanings, in R.W. Belk et J.F. Sherry (coord.), *Consumer Culture Theory, Research in Consumer Behavior*, 11, 401–419.

Özçağlar -Toulouse N., Béji-Bécheur A., Fosse-Gomez M.H., Herbert M. et Zouaghi S. (2009), Ethnicity in the study of Consumer: an Overview, *Recherche et Application en Marketing*, 24, 4, 57-76.

Özçağlar-Toulouse N. et Cova, B. (2010), Une histoire de la CCT française : parcours et concepts clés, *Recherche et Applications en Marketing*, 25, 2, 69-91.

Parker P. et Gatignon H. (1994), Specifying competitive effects in diffusion models: An empirical analysis, *International Journal of Research in Marketing,* 11, 1, 17– 39.

Peters L.D., Löbler H. et Brodie R.J. (2014), Theorizing about Resource Integration through Service-dominant Logic, *Marketing Theory*, 14, 3, 249–68.

Pink S. (2007), *Doing Visual Ethnography*, London, Sage.

Pires A. (1997) Echantillonnage et recherche qualitative : essai théorique et méthodologique, in J. Poupart, J. P. Deslauriers, L. Groulx, A. Laperrière, R. Mayers, et A. Pires (coord.), *La recherche qualitative. Enjeux épistémologiques et méthodologiques*, Montréal, Gaëtan Morin Editeur, 113-169.

Plé L. et Chumpitaz Cáceres R. (2010), Not always co-creation: introducing interactional co-destruction of value in service-dominant logic, *Journal of Services Marketing*, 24, 6, 430-437.

Point S. et Voynnet-Fourboul C. (2006), Le codage à visée théorique, *Recherche et applications en marketing*, 21, 4, 61-78.

Poupart J., Deslauriers J. P., Groulx L., Laperrière A., Mayers R. et Pires A. (1997), *La recherche qualitative : Enjeux épistémologiques et méthodologiques,* Montréal, Gaëtan Morin.

Pourtois J.P. et Desmet H. (2007), *Épistémologie et instrumentation en sciences humaines* Wavre, Mardaga.

PriesHeje J. (1992), Three barriers for continuing use of computerbased tools: a grounded theory approach, *Scandinavian Journal of Information Systems,* 4, 1992, 119-136.

Rifkin. J. (2000). *L'âge de l'accès : la révolution de la nouvelle économie*. Ed. La Découverte.

Rivière A. et Mencarelli R. (2012), Vers une clarification théorique de la notion de valeur perçue en marketing, *Recherche et Applications en Marketing*, 27, 3, 97-123.

Robert-Demontrond P., Bougeard-Delfosse C. (2008), Proposition d'une échelle de mesure du degré d'enracinement d'un consommateur dans sa région, 13ème journée de recherche marketing de Bourgogne.

Roberts D.L., Hughes M. et Kertbo K. (2014), Exploring consumers motivations to engage in innovation through co-creation activities, *European Journal of Marketing*, 48, 1/2, 147 - 169.

Rogers E.M. (2003), *Diffusion of innovations*, New York, Free Press.

Rook D. (1991), I was observed (in absentia) and autodriven by the consumer behaviour odyssey, in RW Belk (coord.), *Highways and Buyways: Naturalistic Research from the Consumer Behavior Odyssey,* Association for Consumer Research, Provo, UT, 48-58.

Rossman G. B. et Rallis S. F. (2003), *Learning in the field: An introduction to qualitative research* (2nd ed.), Thousand Oaks, CA, Sage.

Roux D. (2009), *Marketing et Résistance(s) des consommateurs*, Paris, Economica.

Saldaña J. (2013), *The coding manual for qualitative researchers*, London, Sage.

Salvadore M., Menvielle L. et Tournois N. (2015), Diffusion des services mobiles et mobilité du consommateur : une étude sur les déterminants et les conséquences des usages au cours d'un séjour touristique, *Management & Avenir*, 77, 163-185.

Santana J. et Botelho D. (2019), If it comes from Juazeiro, it's blessed'! Liquid and solid attachment in systems of object itineraries of pilgrimages, *Journal of Marketing Management,* 1–26.
Sansaloni R. (2006), *Le non-consommateur. Comment le consommateur reprend le pouvoir*, Paris, Dunod.

Sayes E. (2013), Actor–Network Theory and methodology: Just what does it mean to say that nonhumans have agency? *Social Studies of Science*, 44, 1, 134–149.

Scaraboto D. (2015), Selling, Sharing, and Everything in Between: The Hybrid Economies of Collaborative Networks, *Journal of Consumer Research*, 42, 1, 152- 176.

Scaraboto D. et Chumpido B. (2017), Holy Mary Goes 'Round, *Journal of Macromarketing,* 37, 2, 180–192.

Schein L. (2002), Mapping Among media in diasporic space, in F. Ginsburg, L. Abu- Lughod, B. Larkin (coord.), *Mediaworlds: anthropology on new terrains*, Berkeley, University of California Press, 229–244.

Schouten J.W. et McAlexander J.H. (1995), Subcultures of Consumption: An Ethnography of the New Bikers, *Journal of Consumer Research*, 22, 43–61.

Seregina A., Figueiredo B., Uotila H. (2013), A Pen, in S. Botti et A. Labroo (coord.), *Advances in Consumer Research*, 41, Association of Consumer Research, Duluth, MN.

Sergot B., Chabault D. et Loubaresse E. (2012), Mobilités spatiales et dynamiques organisationnelles, *Revue française de gestion*, 7, 77-90.

Shaw M. (2012), *Copywriting: Successful writing for design, advertising, and marketing,* London, Laurence King Publishing Ltd.

Sheller M. et Urry J. (2006), The New Mobilities Paradigm, *Environment and Planning* A, 38, 2, 207–226.

Sherry J.F. (1983), Gift giving in anthropological perspective, *Journal of Consumer Research*, 10, 157-168.

Sherry J., McGrath M.A., et Levy S. (1992), The disposition of the gift and many unhappy returns, *Journal of Retail*, 68, 1, 40–65.

Smith Maguire J. (2010) Provenance and the Liminality of Production and Consumption: The Case of Wine Promoters, *Marketing Theory,* 10, 3, 269–82.

Spiggle S. (1994), Analysis and Interpretation of Qualitative Data in Consumer Research, *Journal of Consumer Research*, 21, 3, 491-503.

Starr R.G. et Karen V.F. (2007), The Mindcam methodology: Perceiving through the native's eye, *Qualitative Market Research: An International Journal*, 10, 2,168–82.

Straubhaar J. D. (1991), Beyond media imperialism: Assymetrical interdependence and cultural proximity, *Critical Studies in media communication*, 8, 1, 39-59.

Strauss A. L. (1987), *Qualitative analysis for social scientists*, Cambridge, Cambridge University Press.

Strauss A. et Corbin J. (1990), *Basics of Qualitative Research: Grounded Theory Procedure and Techniques*, Newbury Park, California, Sage Publications Inc.

Strauss A. et Corbin, J. (1998). *Basics of qualitative research: Techniques and procedures for developing grounded theory* (2nd ed.), Thousand Oaks, CA, Sage.

Strizhakova Y., Coulter R.A. et Price L.L. (2008), The meanings of branded products: A cross-national scale development and meaning assessment, *International Journal of Research in Marketing*, 25, 2, 82-93

Talke K. et Heidenreich S. (2014), How to Overcome Pro-Change Bias: Incorporating Passive and Active Innovation Resistance in Innovation Decision Models, *Journal of Product Innovation Management,* 31, 5, 894-907.

Taute H et Sierra J.J. (2015), An examination of emotional information management in gift giving and receipt, *Psychology & Marketing*, 32, 2, 203-218.

Thomas T.C., Price L.L. et Schau H.J. (2013), When Differences Unite: Resource Dependence in Heterogeneous Consumption Communities, *Journal of Consumer Research*, 39, 5, 1010–1033.

Thompson S.A. et Sinha R.K. (2008), Brand communities and new product adoption: the influence and limits of oppositional loyalty, *Journal of Marketing*, 72, 6, 65–80.

Thompson C.J. et Troester M. (2002), Consumer value systems in the age of postmodern fragmentation: the case of the natural health microculture, *Journal of Consumer Research*, 28, 4, 550-571.

Urry J. (2007), *Mobilities*, Cambridge, Polity Press.

Vargo S.L. et Lusch R.F. (2004), The Four Service Marketing Myths, *Journal of Service Research,* 6, 4, 324–335.

Vargo S.L. et Lusch R.F. (2008a), From goods to service(s): Divergences and convergences of logics, *Industrial Marketing Management,* 37, 3, 254–259.

Vargo S.L. et Lusch, R.F. (2008b), Service-dominant logic: continuing the evolution, *Journal of the Academy of Marketing Science*, 36, 1, 1-10.

Vargo S.L. et Lusch R.F. (2016), Institutions and Axioms: An Extension and Update of Service-dominant Logic, *Journal of the Academy of Marketing Science*, 44, 1, 5– 23.

Venkatraman M.P. (1989), Opinion leaders, adopters, and communicative adopters: A role analysis, *Psychology and Marketing*, 6, 51–68.

Vivek S.D., Beatty S.E. et Morgan R.M. (2012), Customer engagement: exploring customer relationships beyond purchase, *Journal of Marketing Theory and Practice*, 20, 127-145.

Volle P., Isaac H. et Charfi A.A. (2015), Création de trafic sur les sites web marchands : enjeux et arbitrages entre visibilité et réputation/generation of traffic on merchant websites: a question of trade-off between visibility and online reputation, *Revue Française du Marketing*, 253, 27.

Vom Lehn D. et Heath C. (2016), Action at the exhibit face: Video and the analysis of social interaction in museums and galleries, *Journal of Marketing Management,* 32, 15-16, 1441–1457.

Wallendorf M. et Belk R.W. (1989), Assessing Trustworthiness in Naturalistic Consumer Research, in E.C. Hirschman (coord.), *SV*

Interpretive Consumer Research, Provo, UT, Association for Consumer Research, 69-84.

Wang J.J., Zhao X. et Li J.J. (2013), Group Buying: A Strategic Form of Consumer Collective, *Journal of Retailing*, 89, 3, 338–351.

Weijo H.A, Hietanen J. et Mattila P. (2014), New insights into online consumption community and netnography, *Journal of Business Research*, 67, 2072-2078.

Whiting R., Symon G., Roby H. et Chamakiotis P. (2018), Who's behind the lens? A reflexive analysis of roles in participatory video research, *Organizational Research Methods,* 21, 2, 316-340.

Woermann N. et Kirschner H. (2015), Online Livestreams, Community Practices, and Assemblages. Towards a Site Ontology of Consumer Community, in K. Diehl et C. Yoon (coord.), *Advances in Consumer Research*, Volume 43, Duluth, MN, Association for Consumer Research, 438-442.

Woodall T. (2003), Conceptualising value for the customer: An attributional, structural and dispositional analysis, *Academy of Marketing Science Review*, 1-12.

Zhang J. Z. (2019), Dynamic customer interdependence, *Journal of the Academy of Marketing Science*, 47, 4, 723-746.

TABLE DES MATIÈRES

Structures éditoriales du groupe L'Harmattan

L'Harmattan Italie
Via degli Artisti, 15
10124 Torino
harmattan.italia@gmail.com

L'Harmattan Hongrie
Kossuth l. u. 14-16.
1053 Budapest
harmattan@harmattan.hu

L'Harmattan Sénégal
10 VDN SICAP AMITIE 3
BP 45034 Dakar-Fann
direction@senharmattan.com

L'Harmattan Cameroun
Tsinga/Derrière polyclinique FECAFOOT
BP 11486 Yaoundé
Jacques.koukam@harmattan.fr

L'Harmattan Burkina Faso
Villa 281, secteur 23 623, rue 14.32
Ouagadougou
zagbie@outlook.fr

L'Harmattan Guinée
Almamya, rue KA 028 OKB Agency
BP 3470 Conakry
harmattanguinee@yahoo.fr

L'Harmattan RDC
185, avenue Nyangwe
Commune de Lingwala – Kinshasa
matangilamusadila@yahoo.fr

L'Harmattan Congo
219, avenue Nelson Mandela
BP 2874 Brazzaville
deunovmikhael@gmail.com

L'Harmattan Mali
Immeuble Mgr Jean Marie Cissé
Aci Hamadallaye
BP 145 Bamako
syllaka@yahoo.fr

L'Harmattan Togo
Djidjole – Maison Amela
face EPP BATOME
02 BP 20680 Lomé
didieramela11@gmail.com

L'Harmattan Côte d'Ivoire
Résidence Karl – Cité des Arts
Abidjan-Cocody
03 BP 1588 Abidjan
harmattan.ivoire@gmail.com

L'Harmattan Bénin
Rue 604, (Immeuble à l'entrée
de la rue UCAO- Cite de Saint-Jean)
Cotonou
stepcorpus@gmail.com

Nos librairies en France

Librairie internationale
16, rue des Écoles
75005 Paris
librairie.internationale@harmattan.fr
01 40 46 79 11
www.librairieharmattan.com

Librairie des savoirs
21, rue des Écoles
75005 Paris
librairie.sh@harmattan.fr
01 46 34 13 71
www.librairieharmattansh.com

www.ingramcontent.com/pod-product-compliance
Lightning Source LLC
LaVergne TN
LVHW010919061026
849535LV00007B/2141